图说 福建与海上丝绸之路

顺风相送

福建与东北亚

主编 谢必震　副主编 吴巍巍

徐斌　张金红 著

海峡出版发行集团
THE STRAITS PUBLISHING & DISTRIBUTING GROUP
福建教育出版社

2018年度国家社会科学基金重大项目
“古代中国海上丝绸之路图像资料的收集、整理与研究”

（项目编号：18ZDA186）

2016年度国家社会科学基金项目
“地方史志编纂与中国涉海主权诸问题研究”

（项目编号：16BDJ010）

总　序

谢必震

早在公元前1世纪，我国就有一条从今广东徐闻、合浦通往印度东岸的完整的海上航线，但早期的中国航海与国家的经济发展没有多大的关系。帝王组织航海，多半是为了寻找长生不老之药，或是为了追寻海外的奇珍异宝，供宫廷奢侈糜烂的生活所需。中国真正意义上的海外贸易，是从唐代创立市舶司开始的，海外贸易这时才被纳入国家的财政收入中。

“闽在海中”，福建因其优越的地理条件，注定了在中国的海外交通与贸易史上有着重要的历史地位。

今天人们提起历史上的海上丝绸之路，是那样的惬意，富有诗情画意。殊不知历史上海上丝绸之路的形成，经历了漫长的岁月，经历了惊涛骇浪的恐惧。无情的大海吞噬了无数鲜活的生命，才填铺出这蜿蜒曲折的海上丝绸之路。当我们回顾古代中国海上丝绸之路发展的历程时，切不可忘记那些伟大的先行者们，他们是那些漂洋过海的僧侣、出海谋生的百姓、征战流落海外的将士、册封藩属国的使者、政治避难异国的朝臣、遭遇海难的幸存者、七下西洋的郑和船员……

“海舟以福建船为上”，这在宋代早有评说。正是福建拥有那个时代最高的航海与造船技术，泉州港的繁荣才达到了登峰造极的地步。指南针的应用，航海天文技术的发展，牵星过洋，顺风相送，代代相传的航海针路簿，一目了然的山形水势图，甚至在福建人的航海中也广泛应用了西方的先进技术，计时的沙漏、西洋的望远镜都出现在航海的过程中。福建人的航海理念也在飞速地提升，“海者，闽人之田也”集中反映了福建人航海将经济利益放在第一位的理念。正是在经济这一杠杆的作用下，福建人才创造了舟行天下、货通中外的大航海时代。

从现存的史料来看，东到日本、朝鲜半岛，南至东南亚、南亚诸国以及非洲大陆，都有福建海商的足迹。海外诸国的商人也都把福建各港作为贸易的立足点。据史籍记载，与福建贸易的外国商船，分别来自亚洲、非洲、欧洲、美洲等地。由此可见，中国古代海上丝绸之路亦是世界各国人民共同建构的。

我们赞叹古代海上丝绸之路的完美，我们认真审视福建人的航海历史，我们由衷地敬佩福建先民对中国航海的卓越贡献。他们不平凡的航海活动为我们留下了诸多的宝贵财富，如深海大洋中的沉船、留存各处的贸易品、沉寂多年的港湾、依稀可辨的航标、长长的航海画卷、泛黄的海道针经、坐落各地的妈祖神庙……“图说福建与海上丝绸之路”丛书的编纂，就是将这些散落的历史碎片，一一拼接起来，使我们从中看到福建古代海上丝绸之路的历史印记。

古代海上丝绸之路发展的历史已非常清楚地告诉我们，这条海上丝绸之路也是沿线各个国家和地区的人民与中国人民一道建造的。如今，我国提出共建 21 世纪海上丝绸之路的倡议，顺应了世界多极化、经济全球化、社会信息化的潮流，有利于促进经济要素有序地自由流动，符合中国和国际社会的根本利益，彰显了人类社会的共同理想和美好追求，将为世界发展增添正能量。

重温福建与海上丝绸之路的历史，让我们明白，在建设 21 世纪海上丝绸之路的过程中，我国应该在提升综合国力、发展对各国有吸引力的价值观体系、塑造真正的软实力、树立中国的国际形象和威信方面下功夫，逐步形成在全球范围的强大影响力。

我们应该从福建海上丝绸之路的历史中汲取健康的养分，探寻成功的奥秘，把握绝妙的时机，满怀信心地走进新时代，开创胜利的未来。

目　录 / CONTENTS

引　言　// 1

第一章　闽人开辟通往日本、朝鲜半岛的航路　// 3

一、早期福建与东北亚地区的往来　// 4

二、宣和奉使高丽图经　// 8

第二章　漂洋过海的出家人　// 11

一、鉴真东渡与福建　// 12

二、圆珍高僧三山缘　// 15

三、海风送空海入闽　// 19

四、隐元创建黄檗宗　// 27

五、新罗僧人福建行　// 50

六、日本佛寺闽僧情　// 54

第三章　闽人建构东北亚商圈　// 77
一、南来海舶浮云涛　// 78
二、危樯巨舶昼纵横　// 91
三、高丽国的闽籍官员　// 106
四、郑氏家族与日本　// 109
五、长崎华商谱传奇　// 117
第四章　海船、海港与海路　// 123
一、潮起潮落千帆过　// 124
二、人声鼎沸的海港　// 137
三、漫漫无际的海路　// 149
第五章　商贸与文化的交融　// 157
一、琳琅满目的贸易品　// 158
二、书籍与雕版印刷　// 174
三、朱子学传朝鲜半岛、日本　// 181
四、朝鲜半岛诗人咏天妃　// 185
五、妈祖信仰传东瀛　// 188
六、关圣帝君在日本　// 201
结束语　// 206
参考文献　// 207

引　言

福建依山傍海，向东，浩瀚的东海与黄海连接着中国、朝鲜半岛与日本，太平洋上的一股赤道暖流，从东向西，流到菲律宾群岛附近折返，经台湾岛向东北方向奔去。台湾岛东侧洋流一路向北；台湾岛与澎湖列岛中间的另一股洋流，北上与东侧一股洋流汇合后，直奔日本海，这形成了中外分界的黑水沟。福建的海船，穿越这汹涌的海潮，顺风顺水，驶向琉球，驶向日本和朝鲜半岛。

大海将福建和日本、朝鲜半岛连成一片，一艘艘海船在这片海域穿行，又将一个个港口连成一条条航线。在这一条条的航路上，货物畅通，民心相通，文化沟通，构成了中国沿海地区与东北亚国家的海上丝绸之路。这条海上通道，促进了这一地区的社会经济发展和文明进步。

东北亚海上丝绸之路，是东北亚各国人民共同营造的友谊之路。福建有着得天独厚的造船与航海优势，历史给福建人提供了在这一海上丝绸之路中大显身手的机会。千百年来，福建人民与日本、朝鲜半岛人民一道，胼手胝足，筚路蓝缕，开辟了东北亚地区的海上大通道：互通有无的货物从这里往返，缔结友好关系的使臣从这里启航，弘法求经的高僧从这里出发，生产技艺、文化知识的传播者也从这里一一列队而过。

历史不曾忘记，大海留下了最美的画卷，将福建与东北亚海上丝绸之路的往事，一一呈现在世人眼前。

顺风相送，让我们轻轻地推开历史的门扉，看历史上的海上丝绸之路，从福建一直延伸到日本，延伸到朝鲜半岛。

第一章

闽人开辟通往日本、朝鲜半岛的航路

历史上，大批北方人民南迁入闽，不仅为福建的经济开发输入了不可或缺的劳动力，还带来了北方地区先进的生产技术和文化，这使得福建社会在各个方面都取得了长足进步。而福建手工业和商业的勃兴，与海上贸易的兴起和发展有着极其重要的关系。唐中叶以后，泉州和福州两座沿海城市迅速崛起，异国商人来往交通，云集两地，两地逐步发展成为中国东南沿海区域对外贸易的重要港口。福建商船除了往来南海诸国贸易外，往北还开辟了通往朝鲜半岛和日本等地的航路。

一、早期福建与东北亚地区的往来

《山海经》中说“闽在海中”,“一曰闽中山在海中”,《汉书》中又说“(越)习于水斗,便于用舟”。这些记载说明生活在福建这块土地上的闽越先民很早就近水亲水,他们充分发挥山海优势,工于造船,擅长航海,显示出鲜明的海洋文化传统与特征。汉至唐,福建地方经济得到逐步开发,早期航海活动亦开始载入文献典籍当中。这一时期的特点就是福建已经开辟了横跨东海至日本与朝鲜半岛的航路。

福建临海,向东有琉球古国,往东北就是日本与朝鲜半岛。

至迟至汉代前期,福州与番禺等地的海上航线已经建立。《史记·东越列传》载:汉元鼎五年(112),“南越反,东越王馀善上书,请以卒八千人从楼船将军击吕嘉等。兵至揭阳,以海风波为解,不行,持两端,阴使南越”。

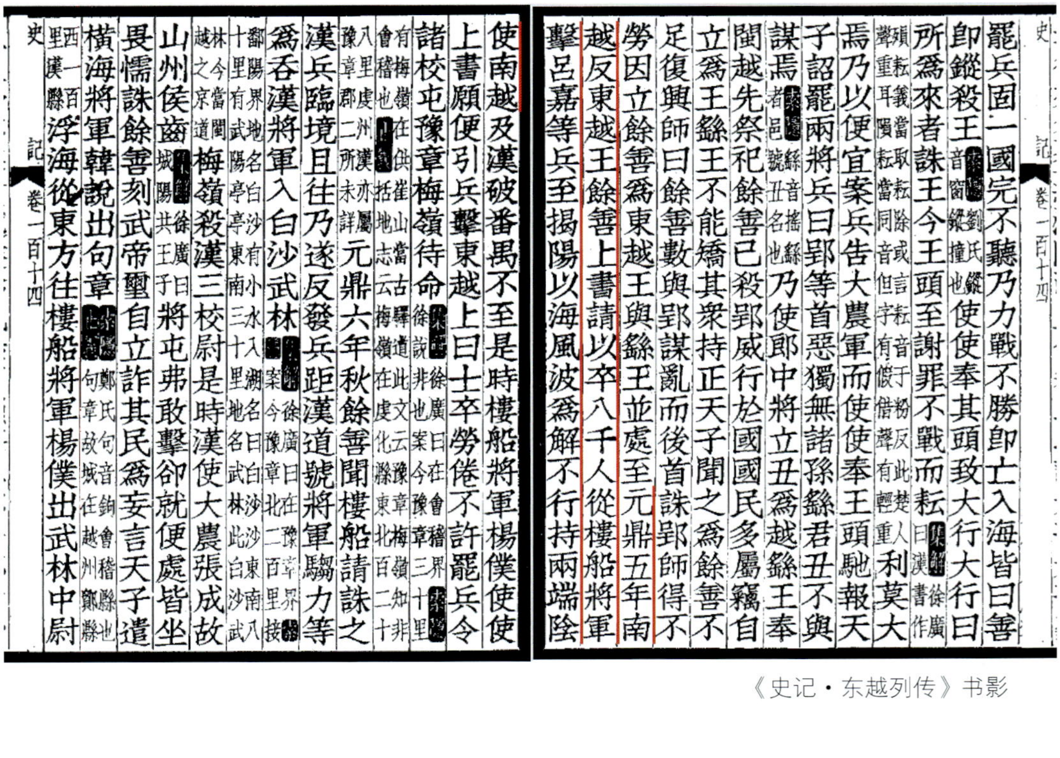

《史记·东越列传》书影

三国时代，吴国致力于发展海上交通。孙吴政权之统治者，因相信秦始皇令方士徐福率童男童女数千人入海求仙、留居在亶洲和夷洲的传说，因此也派遣将军卫温和诸葛直率甲士万人，出海探寻。“（黄龙）二年（230）春……遣将军卫温、诸葛直将甲士万人浮海求夷洲及亶洲。亶洲在海中……所在绝远，卒不可得至，但得夷洲数千人还。”

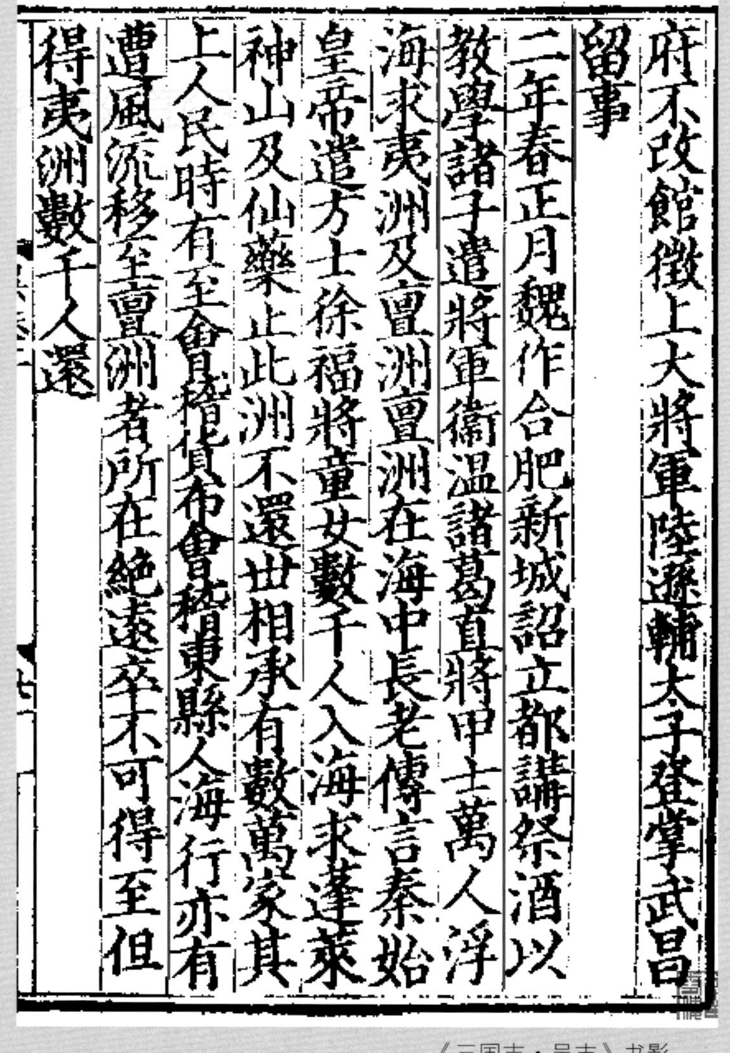
府不改館徵上大將軍陸遜輔太子登掌武昌
留事
二年春正月魏作合肥新城詔立都講祭酒以
教學諸子遣將軍衛溫諸葛直將甲士萬人浮
海求夷洲及亶洲亶洲在海中長老傳言秦始
皇帝遣方士徐福將童女數千人入海求蓬萊
神山及仙藥止此洲不還世相承有數萬家其
上人民時有至會稽貨布會稽東縣人海行亦有
遭風流移至亶洲者所在絕遠卒不可得至但
得夷洲數千人還

《三国志·吴志》书影

入唐以后，福建的造船业也得到发展，形成了福州和泉州两个造船中心，两地在唐五代逐渐成为对外海上交通之重要港口，成为这一时期海上丝绸之路的中间枢纽，福州也因此成为“东闽盛府，百货所聚”的商品集散地，出现了“市井十洲人”的繁荣景象。

唐代，福建地区的开发和经济发展，推动了福建对外关系的急剧变化，同时，世界

格局也起了变化。751年之后，阿拉伯人完全控制了中亚，切断了唐朝通西域的陆路交通，从此，海路逐渐取代陆路，成为唐以后中外经济交流的主要渠道，福建的对外交通和贸易也从此走向世界舞台。“唐设泉州……参军事四人，掌出使导赞”，福建成为此时中国海外交通的重要门户。此时期，福建与东亚、东南亚以及印度的海上交通与贸易日臻兴盛，外商来福建沿海贸易为数不少，已出现“闽越之间，岛夷斯杂”的说法。

唐大和八年（834）颁谕：“福建及扬州番客，宜委节度观察使常加存问。”这一时期，福建各港成为联系中国与朝鲜半岛、日本、琉球之间海上交通的纽带。据日本方面的记载，唐大中六年（852），有唐朝商人钦良晖的商舶自日本肥前国值嘉岛扬帆归国，在海上航行六日，后在福州连江登陆。又据《入唐五家传》记载，唐咸通六年（865），有日本商舶“自大唐福州得顺风五日四夜着值嘉岛”。

上述史料说明，唐五代时期，福建对日本的航路已经开辟。而据德国中外交通研究者夏德和美国学者柔克义考证，唐代阿拉伯商人在泉州贸易时，发现了在广州无法得到的日本与新罗（朝鲜半岛上古国）的物品，也就不足为奇了。

福建与海外诸国交通的繁盛，也因扬州、广州的战乱而得到进一步发展。唐朝末年，藩镇割据和战乱，使往日繁华的对外贸易港口和交通航路遭到破坏、阻绝，但得力于地理位置，福建与海外诸国的贸易并未遭受大的破坏，反而得到了发展。在经历了唐末的挫折、五代的恢复和发展后，福建与朝鲜半岛、日本等地的海上交通和贸易往来，进入了一个新的阶段。

昔日“东闽盛府，百货所聚”的福州港

二、宣和奉使高丽图经

福建与朝鲜半岛的海上交通始于唐代，当时的主要港口有地处闽江中下游的福州。一些新罗国僧人来华学佛，他们走水路远渡重洋在福州口岸登陆，然后再经由闽北或闽东官道辗转入中原学法，如新罗僧慧轮、洪庆等。到了宋代，福建地方经济得到飞速发展，海外贸易成为重要支柱产业。《宣和奉使高丽图经》记录了许多福建与朝鲜半岛交往的历史事实。

欽定四庫全書 卷三十四

舟二曰循流安逸通濟神舟巍如山嶽浮動波上錦帆鷁首屈服蛟螭所以暉赫皇華震懾海外超冠今古是宜麗人迎詔之日傾國聳觀而歡呼嘉歎也

客舟

舊例每因朝廷遣使先期委福建兩浙監司顧募客舟復令明州裝飾畧如神舟具體而微其長十餘丈深三丈濶二丈五尺可載二千斛粟其制皆以全木巨枋攙疊而成上平如衡下側如刃貴其可以破浪而行也其

《宣和奉使高丽图经》中关于宋代出使高丽专门征调福建海船以用的记载

宋代福建造船业的进步主要是受海外贸易的刺激。福建籍海商驾乘本地制造的大型海舶，往来东亚、东南亚，越过印度洋，最远航行至非洲，不仅捎去了各式各样的中国商品，还把中国文化和习俗带到了海外。福建民间自古即有优良的造船传统，宋人《三朝北盟会编》中就有“南方木性与水相宜，故海舟以福建为上，广东、西船次之，温、明船又次之”的记载。《宋会要辑稿》的“刑法”部分也辑录了南宋官员的奏文：“漳、泉、福、兴化，凡滨海之民所造舟船，乃自备财力，兴贩牟利而已。”这些记载从侧面反映了此时福建海船建造与对外贸易的发达。由于福建工匠已经掌握了当时中国第一流的造船技术，所以朝廷遣使高丽时，从地理位置上理应从山东选调船舶更便利，反而舍近求远，征调福建先进海船：“旧例，每因朝廷遣使，先期委福建、两浙监司雇募客舟，复令明州装饰，略如神舟。”

宋宣和五年（1123），朝廷派遣给事中路允迪、中书舍人傅墨卿出使高丽，奉议郎徐兢随团前往。他们搭乘的神舟和客舟多数是从福建征来的。归国后，建州瓯宁籍（今福建省建瓯市）人徐兢撰写了《宣和奉使高丽图经》，记述高丽国的历史、山川、物产、典章制度、风土民情以及船舶、航路等情况。该书是研究朝鲜半岛历史文化以及宋代中国海外交通的珍贵史料。

欽定四庫全書　附錄

母葛氏贈衛國夫人

公名兢字明叔姓徐氏上世建州甌寧縣人自光禄始徙居和州之歴陽秘閣為鄂州法曹夜夢與黄冠師遊大澤中探懐出小削以授秘閣而去讀之蓋丁令威華表所留語也後五日大水冒城郭官府悉遷避秘閣寓居黄鶴樓上是夜實生公公生數月見字畫輒色喜踴躍至十餘歲穎異不羣作舉子業詞源浩然識者器之年十八入太學較藝數占高等試大比輒挫政和甲午歲以父任補將

《宣和奉使高丽图经》作者徐兢介绍

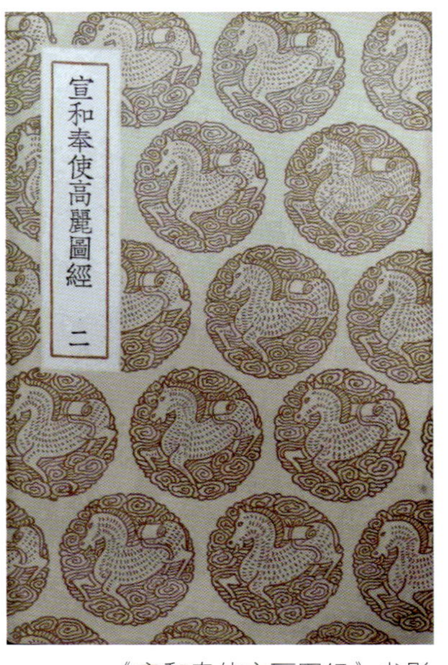

《宣和奉使高丽图经》书影

据《宣和奉使高丽图经》记载，客舟“其长十余丈，深三丈，阔二丈五尺，可载二千斛粟……上平如衡，下侧如刃，贵其可以破浪而行也”，神舟之长阔、高大、什物、器用、人数，皆三倍于客舟也……“晖赫皇华，震慑海外，超冠今古”。宋制二千斛约今120吨。中国使团曾搭乘的神舟有四：一曰凌虚致远安济神舟，二曰灵飞顺济神舟，三曰鼎新利涉怀远康济神舟，四曰循流安逸通济神舟。它们的装载量至少是六千斛，相当于现代载重达360吨、排水量可达1000吨以上的船。无怪乎徐兢形容神舟“巍如山岳，浮动波上，锦帆鷁首，屈服蛟螭”，“丽人迎诏之日，倾国耸观，而欢呼嘉叹也”。

《宣和奉使高丽图经》中的海舟图

論潮候之大槩詳于前謹列夫神舟所經島洲苫嶼而
為之圖
神舟
臣側聞神宗皇帝遣使高麗嘗詔有司造巨艦二一曰
凌虛致遠安濟神舟二曰靈飛順濟神舟規模甚雄皇
帝嗣服羹牆孝思其所以加惠麗人實推廣熙豐之績
爰自崇寧以迄于今荐使綏撫恩隆禮厚仍詔有司更
造二舟大其制而增其名一曰鼎新利涉懷遠康濟神

欽定四庫全書　宣和奉使高麗圖經 卷三十四　四

舟二曰循流安逸通濟神舟巍如山嶽浮動波上錦帆
鷁首屈服蛟螭所以暉赫皇華震懾海外超冠今古是
宜麗人迎詔之日傾國聳觀而歡呼嘉歎也
客舟
舊例每因朝廷遣使先期委福建兩浙監司顧募客舟
復令明州裝飾畧如神舟具體而微其長十餘丈深三
丈濶二丈五尺可載二千斛粟其制皆以全木巨枋攙
疊而成上平如衡下側如刃貴其可以破浪而行也其

《宣和奉使高丽图经》中关于神舟、客舟的记载

第二章
漂洋过海的出家人

早期的航海，弘法求经的僧侣为数众多，他们不仅为佛教事业，同时也为人类的航海事业做出了卓绝的贡献。在他们的航海经历中，在他们撰写编译的经书中，留下了许多脍炙人口的航海故事。

一、鉴真东渡与福建

述及中日两国的佛教交流史，离不开鉴真和尚的六次东渡传法。鉴真和尚是唐代的律宗高僧，不仅佛学造诣高深，而且在医学、艺术等方面也有很高的修养。鉴真经六次艰辛的东渡历程，最终于754年抵达日本。鉴真在日本传授戒律，使日本佛教的律仪渐渐严整，面貌一新，被日本人赞誉为日本律宗的开山祖师。鉴真六次东渡传法善举与福建颇有渊源，其中第四次东渡就是计划从福州口岸出发，随行赴日的弟子当中还有当时的泉州人昙静。

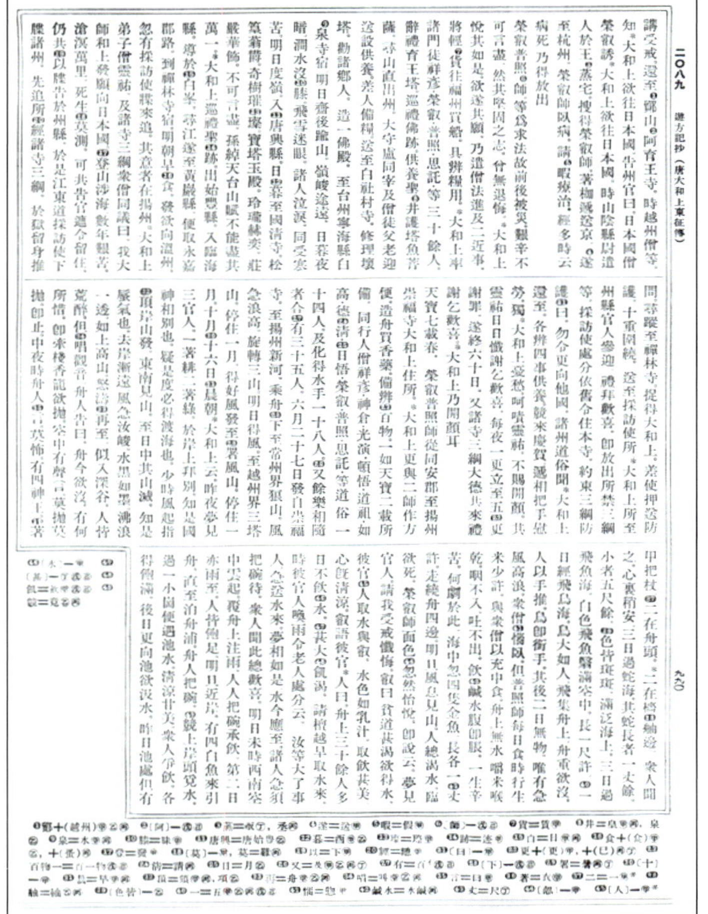
二〇八九 遊方記抄（唐大和上東征傳）

講受戒。還至鄮山阿育王寺。時越州僧等。知大和上欲往日本國。告州官曰。日本國僧榮叡誘大和上欲往日本國。時山陰縣尉遣人於王蒸宅搜得榮叡師。著枷遞送京。遂至杭州。榮叡師臥病。請假療治。經多時云病死。乃得放出

榮叡普照師等為求法故前後被災。艱辛不可言盡。然其堅固之志。曾無退悔。大和上悅其如是。欲遂其願。乃遣僧法進及二近事。將輕貨往福州買船。具辦糧用。大和上率諸門徒祥彥・榮叡・普照・思託等三十餘人。辭禮育王塔。巡禮佛跡。供養衆井護塔魚菩薩。尋山直出州。大守盧同宰及僧徒父老迎送設供養。差人備糧。送至白社村寺。修理壞塔。勸諸鄉人。造一佛殿。至台州寧海縣白泉寺宿。明日齋後踰山。嶺峻途遠。日暮夜暗。澗水沒膝。飛雪迷眼。諸人泣淚。同受寒苦。明日度嶺。入唐興縣。日暮至國清寺。松篁蓊欝。奇樹璀璨。寶塔玉殿。玲瓏赫奕。莊嚴華飾。不可言盡。孫綽天台山賦不能盡其萬一。大和上巡禮聖跡。出始豐縣。入臨海縣。導於白峯。尋江遂至黃巖縣。便取永嘉郡路。到禪林寺宿。明朝早食。發欲向溫州。忽有採訪使牒來追。其意者在揚州。大和上弟子僧靈祐。及諸寺三綱衆僧同議曰。我大師和上發願向日本國。登山涉海。數年艱苦。滄溟萬里。死生莫測。可共告官。遮令留住。仍共以牒告於州縣。於是江東道採訪使下牒諸州。先追所經諸寺三綱。於獄留身推問。尋蹤至禪林寺。捉得大和上。差使押送防護。十重圍繞。送至採訪使所。大和上所至州縣官人參迎。禮拜歡喜。即放出所禁三綱等。採訪使處分依舊令住本寺。約束三綱防護曰。勿令更向他國。諸州道俗聞大和上還至。各辨四事供養。競來慶賀。遞相把手慰勞。獨大和上憂愁。呵嘖靈祐。不賜開顏。其靈祐日日懺謝乞歡喜。每夜一更立至五更謝罪。遂終六十日。又諸寺三綱大德共來禮謝乞歡喜。大和上乃開顏耳

天寶七載春。榮叡普照師從同安郡至揚州崇福寺大和上住所。大和上更與二師作方便。造舟買香藥。備辦百物。一如天寶二載所備。同行人僧祥彥・神倉・光演・頓悟・道祖・如高・德清・日悟・榮叡・普照・思託等道俗一十四人。及化得水手一十八人。又餘樂相隨者合有三十五人。六月二十七日發自崇福寺。至揚州新河。乘舟下至常州界狼山。風急浪高。旋轉三山。明日得風。至越州界三塔山。停住一月。得好風發至署風山。停住一月。十月十六日晨朝。大和上云。昨夜夢見三官人。一著緋。二著綠。於岸上拜別。知是國神相別也。疑是度必得渡海也。少時風起指頂岸山發。東南見山。至日中其山滅。知是蜃氣也。去岸漸遠。風急波峻。水黑如墨。沸浪一透。如上高山。怒濤再至。似入深谷。人皆荒醉。但唱觀音。舟人告曰。舟今欲沒。有何所惜。即牽棧香籠欲拋。空中有聲言。莫拋莫拋。即止。中夜時舟人言。莫怖。有四神王著甲把杖。二在舟頭。二在檣軸邊。衆人聞之。心裏稍安。三日過蛇海。其蛇長者一丈餘。小者五尺餘。色皆斑斑。滿泛海上。三日過飛魚海。白色飛魚翳滿空中。長一尺許。一日經飛鳥海。鳥大如人。飛集舟上。舟重欲沒。人以手推。鳥即銜手。其後二日無物。唯有急風高浪。衆僧惱臥。但普照師每日食時行生米少許。與衆僧以充中食。舟上無水。嚼米喉乾。咽不入。吐不出。飲鹹水腹即脹。一生辛苦。何劇於此。海中忽四隻金魚。長各一丈許。走繞舟四邊。明日風息見山。人總渴水。臨欲死。榮叡師面色忽然怡悅。即說云。夢見官人。請我受戒懺悔。叡曰。貧道甚渴欲得水。彼官人取水與叡。水色如乳汁。取飲甚美。心既清涼。叡語彼官人曰。舟上三十餘人多日不飲水。其大飢渴。請檀越早取水來。時彼官人喚雨令老人處分云。汝等大了事人。急送水來。夢相如是。水今應至。諸人急須把碗待。衆人聞此總歡喜。明日未時西南空中雲起。覆舟上注雨。人人把碗承飲。第二日亦雨至。人皆飽足。明日近岸。有四白魚來引舟。直至泊舟浦。舟人把碗。競上岸頭覓水。過一小岡便遇池水。清涼甘美。衆人爭飲。各得飽滿。後日更向池欲汲水。昨日池處但有

二〇

《唐大和上东征传》关于鉴真派弟子来福州的记载

唐五代时期，福州港对外交通发达，异国海商、僧人往来福州日益增多。福州与日本的交往，最早见于文字记载的是在唐天宝三年（744），高僧鉴真计划第四次东渡日本传播佛法，这一年他派遣弟子法进先期前来福州购置海船和粮食。

天宝十二年（753），鉴真搭乘日本遣唐使的归国船只赴日，师徒一行 24 人，带去了大批的经卷、字帖、佛像和佛具等。鉴真一行在日本传道弘法，校勘佛教经典，建唐招提寺，行善事，为日本天平时代的佛学、建筑、艺术、医药等事业的发展和繁荣做出了卓著的贡献。跟随鉴真东渡日本的弟子当中有当时泉州超功寺僧人昙静，他后来成为唐招提寺的戒师，并设立放生池，是鉴真弟子中扬名于日本后世的 18 位名僧之一。

鉴真在日本创建的唐招提寺

二〇八九 遊方記抄（唐大和上東征傳） 九九二

開元寺。僕射鍾紹京左降在此，請大和上至宅，立壇受戒。次至吉州，僧祥彥於舟上端坐，問思託師云：大和上睡覺否？思託答曰：睡未起。彥云：今欲死別。思託諮大和上，大和上燒香將曲几來，使彥憑几向西方念阿彌陀佛。彥即一聲唱佛，端坐寂然無言。大和尚乃喚彥彥，悲慟無數

時諸州道俗聞大和上歸嶺北，四方奔集，日常三百以上，人物駢闐，供具煒燁。從此向江州，至廬山東林寺，是晉代慧遠法師之所居也。遠法師於是立壇授戒，天降甘露，因號甘露壇，今尚存焉。近天寶九載有志恩律師，於此壇上與授戒，又感天雨甘露，道俗見聞，歎同晉遠。大和上留連此地已經三日，即向潯陽龍泉寺。昔遠法師於是立寺無水，發願曰：若於此地堪棲止者，當使抽泉。以錫杖扣地，有二青龍尋錫杖上，水即飛涌。今尚其水涌出地上三尺焉，因名龍泉寺。從此陸行至江州城，太守追集州內僧尼、道士、女官、州縣官人百姓，香華音樂來迎，請停三日供養。太守親從潯陽縣至九江驛，大和上乘舟與大守別去。從此七日至潤州江寧縣，入瓦官寺登寶閣。閣高二十丈，是梁武帝之所建也，至今三百餘歲，微有傾損。昔一夜暴風急吹，明旦人看閣下四隅有四神跡，長三尺，入地三寸。今造四神王像，扶持閣四角。其神跡今尚存焉。昔梁武帝崇信佛法，興建伽藍，今有江寧寺、彌勒寺、長慶寺、延祚寺等，其數甚多，莊嚴彫刻，已盡工巧。大和上之弟子僧靈祐承大和上來，遙從棲霞寺迎來，見大和上，五體投地，進接大和上足，展轉悲泣而歎曰：我大和上遠向海東，自謂一生不獲再觀，今日親禮，誠如盲龜開目見日，戒燈重明，昏衢再朗。即引還棲霞寺，住三日，却下攝山，歸揚府，過江至新河岸，即入楊子亭既濟寺。江都道俗奔塡道路，江中迎舟舳艫連接。遂入城，住本龍興寺也。大和上從南振州來至楊府，所經州縣，立壇授戒，無空過者。今亦於龍興、崇福、大明、延光等寺，講律授戒，暫無停斷。昔光州道岸律師命世挺生，天下四百餘州以爲受戒之主。岸律師遷化之後，其弟子杭州義威律師響振四遠，德流八紘，諸州亦以爲受戒師。義威律師無常之後，開元二十一年時，大和上年滿四十六，淮南江左淨持戒者，唯大和上獨秀無倫，道俗歸心，仰爲受戒之大師。凡前後講大律幷疏四十遍，講律抄七十遍，講輕重儀十遍，講羯磨疏十遍。具修三學，博達五乘。外秉威儀，內求奧理。講授之間，造立寺舍，供養十方衆僧，造佛菩薩像，其數無量。縫納袈裟千領，布袈裟二千餘領，送五臺山僧。設無遮大會，開悲田而救濟貧病，啓敬田而供養三寶，寫一切經三部，各一萬一千卷。前後度人授戒，略計過四萬有餘。其弟子中超群拔萃，爲世師範者，即有楊州崇福寺僧祥彥、潤州天響寺僧道金、西京安國寺僧璿光、潤州棲霞寺僧希瑜、揚州白塔寺僧法進、潤州棲霞寺僧乾印、沛州相國寺僧神邕、潤州三昧寺僧法藏、江州大林寺僧志恩、洛州福先寺僧靈祐、揚州既濟寺僧明烈、西京安國寺僧明債、越州道樹寺僧璿眞、揚州興雲寺僧惠琮、天台山國淸寺僧法雲等三十五人，幷爲翹楚，各在一方，弘法於世，導化群生

天寶十二載次癸巳十月十五日壬午，日本國使大使特進藤原朝臣淸河、副使銀青光祿大夫光祿卿大伴宿禰胡麻呂、副使銀青光祿大夫祕書監吉備朝臣眞備、衛尉卿安倍朝臣朝衡等來至延光寺，白大和上云：弟子等早知大和上五回渡海向日本國，將欲傳教，故今親奉顏色，頂禮歡喜。弟子等先錄大和上尊名幷持律弟子五僧，已奏聞主上，向日本傳戒。主上要令將道士去，日本君王先不崇道士法，便奏留春桃原等四人，令住學道士法。爲此大和上名亦奏退，願大和上自作方便。弟子等自在載國信物船四船，行裝具足，去亦無難。時大和上許諾已竟。時揚州道俗皆云：大和上欲向日本國，由是龍興寺防護甚固，無由進發。時有仁幹禪師從務州來，密知大和上欲出，備具船舫於江頭相待。大和上於天寶十二載十月二十九日戌時，從龍興寺出，至江頭乘船下。時有二十四沙彌悲泣走來白大和上言：大和上今向海東，重觀無由，我今者最後請預結緣。乃於江邊爲二十四沙彌授戒訖，乘船下至蘇州黃洫浦。相隨弟子：揚州白塔寺僧法進、泉州超功寺僧曇靜、台州開元寺僧思託、

①北＋（來） ②宮＝宫 ③闓＝開 ④［法］－ ⑤［近］－ ⑥恩＝思，忠 ⑦導＝尋 ⑧（受）＋覺 ⑨止＝之 ⑩滿＝高 ⑪女＝安 ⑫四＝八 ⑬持＝特 ⑭寺等＝等寺 ⑮響＝譯 ⑯［遠］－ ⑰親＝覲 ⑱鍾＝遇 ⑲延＝近 ⑳［威］－ ㉑［之］－ ㉒五＝三 ㉓乘＝康 ㉔開＝聞 ㉕方衆＝樣，［衆］－ ㉖納＝衲 ㉗領＋（供） ㉘啓＝設 ㉙璿＝承 ㉚響＝鄉 ㉛先＝光 ㉜導＝道 ㉝淸河＝河淸 ㉞麻呂＝萬 ㉟［安倍朝臣］－ ㊱［來］－ ㊲［至］－ ㊳回＝廻，過 ㊴故＝而，［故］－ ㊵名＝號 ㊶君＝名 ㊷在＝有 ㊸務＝婺 ㊹船＝舫 ㊺觀＝覩 ㊻洫＝洲 ㊼浦＝津

《唐大和上东征传》关于东渡日本的鉴真弟子的记载

二、圆珍高僧三山缘

隋唐时期，日本向中国派遣了众多使节和求法僧众，以学习并吸收中国先进的律令制度、儒家文化和佛教理念等，其中，唐宣宗大中七年（853）入唐僧圆珍与福州结下过一段奇缘。

唐末五代时期，闽国统治阶层积极支持佛教的传播，福建境内大建寺院，广招僧众，寺院及僧侣数量位居全国前列，出现了诸多名寺（如福州的雪峰寺）与高僧（如神晏、师备、长庆慧稜等），一时间，福建成为当时中国禅宗信仰的发达地区。

福州雪峰寺

前来福建求法的海外僧人除了高丽僧人之外，以日本僧人为多。唐大中七年(853)九月，中国商客王超、李延孝租赁的钦良晖海舶自日本肥前国值嘉岛（五岛列岛）起航回国，日本入唐僧圆珍带领僧人丰智、沙弥闲静、译语丁满、物忠宗、经生的良、伯阿古满和大全吉等七名随从搭乘该船来华。

圆珍像

一行人在闽江口连江县登陆，两个月后入福州城，被安顿在开元寺。圆珍在福州开元寺师从天竺僧般恒罗学习梵文密教，还在开元寺抄写佛经及碑文36卷，写下了《开元寺求得经疏目录》。

福州开元寺大门

九月十四日，圆珍等人获得福州都督府“公验”（即护照及通行证），二十日启程北上，赴温州、台州和五台山等佛教圣地，开始了求法游历之旅。一直伴随圆珍游历中国的“福州都督府公验”最终被他携回日本，流传至今并成为日本国宝，现珍藏于东京国立博物馆。这份“公验”可以说是福建现存于世最早的纸质公文档案，它是了解唐代福建地方建制、内陆交通及出入境管理制度的重要文献资料。

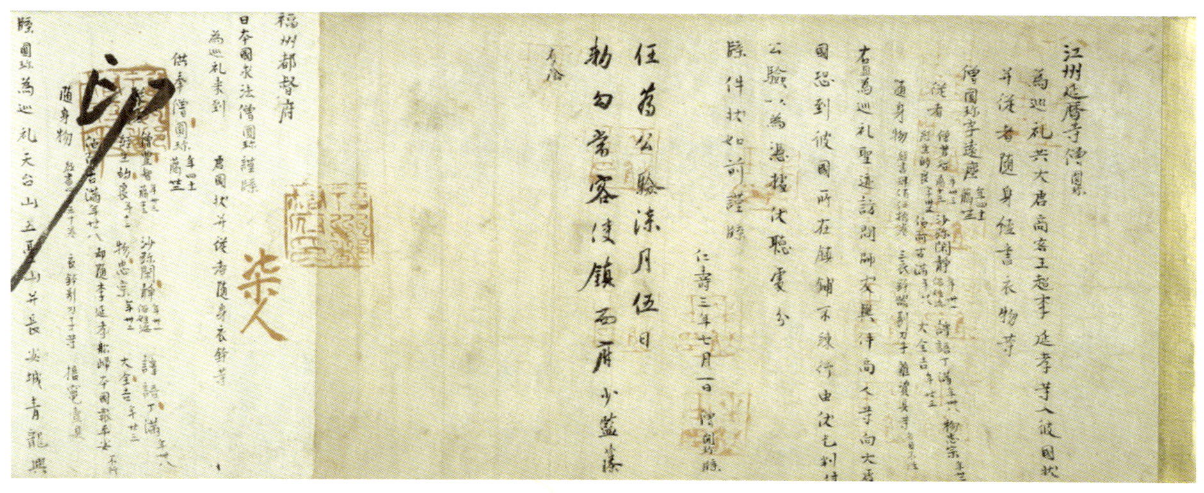

圆珍入唐福州都督府公验之一

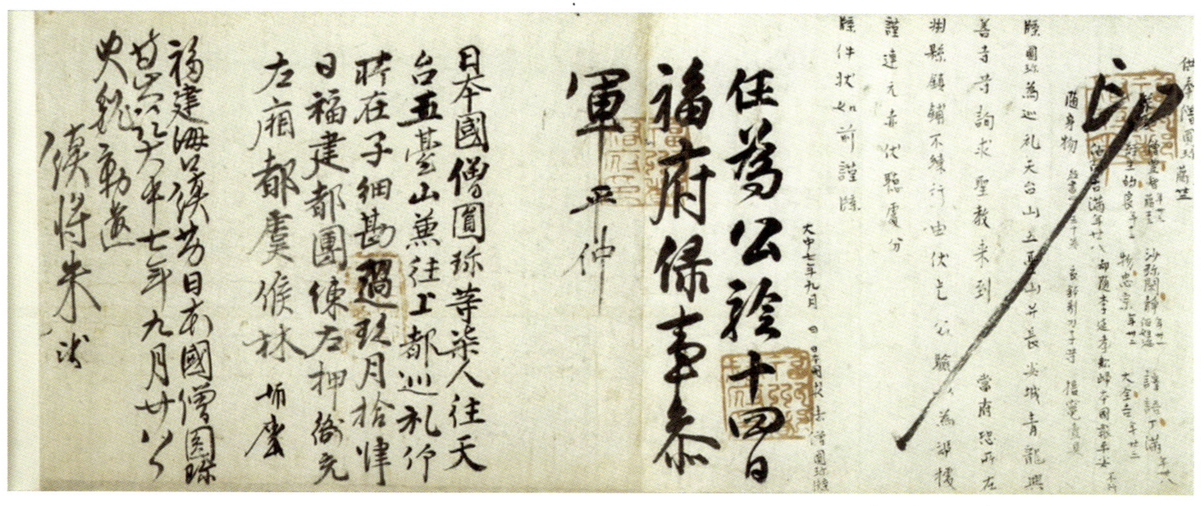

圆珍入唐福州都督府公验之二

圆珍在华习佛五年，归国后弘法日本，广授密教，成为日本天台宗第五代座主，卒后被追谥为智证大师。

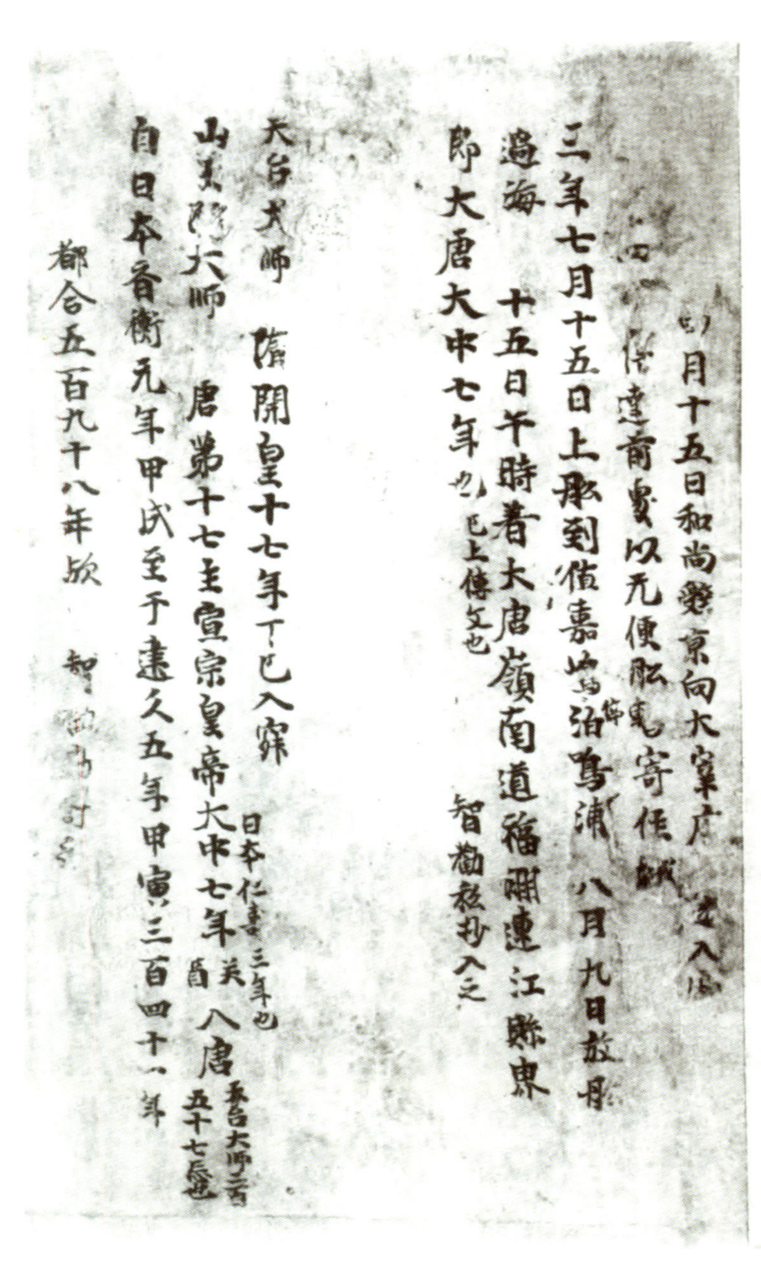
四月十五日和尚發京向大宰府 並入唐
值達商賣以元便船寄住城
三年七月十五日上船到值嘉嶋 停 泊鳴浦 八月九日放船
過海 十五日午時著大唐嶺南道福州連江縣東
即大唐大中七年也 已上傳文也 智證叙抄入之
天台大師 隋開皇十七年丁巳入寂
山王院大師 唐第十七主宣宗皇帝大中七年日本仁壽三年也癸酉入唐去天台大師亡五十七歲也
自日本齊衡元年甲戌至于建久五年甲寅三百四十一年
都合五百九十八年歟 智[illegible]

圆珍著《行历抄》书影

三、海风送空海入闽

日本真言宗开山祖师空海于唐贞元二十年（804）来华求法，途中遭遇风难，漂到福州赤岸镇（今霞浦县赤岸镇）登陆，后在福建官员的护送下赴长安求法。回到日本后，空海创建真言宗，建立高野山金刚峰寺，921年被日本朝廷敕封为“弘法大师”。今天的日本，空海开创的真言系形成了18个大本山，信徒人数多达千万，空海作为代表日本文化的先驱者也享有崇高的声誉。

唐贞元二十年（804），日本派遣第18回遣唐使，分别乘坐四艘海船前来，其中学问僧空海与遣唐大使藤原葛野、副使石川道益等人搭乘第一号海舶前来。

空海坐像

心经

観自在菩薩行深般若波羅蜜多時照見五
蘊皆空度一切苦厄舍利子色不異空空不
異色色即是空空即是色受想行識亦復如
是舍利子是諸法空相不生不滅不垢不淨
不增不減是故空中无色无受想行識无眼
耳鼻舌身意无色聲香味觸法无眼界乃至
无意識界无无明亦无无明盡乃至无老死
亦无老死盡无苦集滅道无智亦无得以无
所得故菩提薩埵依般若波羅蜜多故心无
罣礙无罣礙故无有恐怖遠離一切顛倒夢
想究竟涅槃三世諸佛依般若波羅蜜多故
得阿耨多羅三藐三菩提故知般若波羅蜜
多是大神咒是大明咒是无上咒是无等等
咒能除一切苦真實不虛故說般若波羅蜜
多咒即說咒曰
揭諦揭諦 波羅揭諦 波羅僧揭諦 菩提薩婆呵

空海手抄《心经》书影

空海渡海来华入闽图

众人因飘风于福州长溪县赤岸(今福建省霞浦县赤岸镇)登陆，为当地官府妥善安置。现今，霞浦县赤岸镇还建有空海大师纪念堂，许多日本真言宗信众会自发地组织参访团前来巡礼祭拜，追寻空海大师入唐求法的足迹，为两国人民祈福。

空海漂着纪念碑（霞浦赤岸）

空海大师纪念堂

在空海大师纪念堂前祭拜的日本真言宗信徒巡礼团

空海随日本使臣一行被护送至福州府城。在福州期间，空海以其深厚的汉文功底，写了两封书信给时任福州观察使阎济美，详细报告了他们来华的目的以及航海过程。观察使为其文采所感动，妥善安排日本使臣及空海等人北上长安。

性靈集　卷五

官吏之道實是可然雖然遠人乍到觸途多憂海中之愁猶委胸臆徳酒之味未飽心腹率然禁制手足無厝又建中以往入朝使船直著揚蘇無漂蕩之苦州縣諸司慰勞慇懃左右任使不撿船物今則事與昔異遇將望疎底下愚人竊懷驚恨伏願垂柔遠之恵顧好隣之義縱其習俗不怪常風然則涓涓百蠻與流水而朝宗舜海喁喁萬服將葵藿以引領尭日順風之人甘心逼湊逐腥之蟻悦意駢羅今不任常習之小願奉啓不宣謹言

與福州觀察使入京啓一首

日本國留學沙門空海啓空海才能不聞言行無取但知雪中枕肱雲峯喫菜逢時乏人濫留學末限以廿年尋以一乘任重人弱夙夜惜陰今承不許隨使入京理須左右更無所求雖然居諸不駐歳不我與何得厚荷國家之憑空擲如矢序是故歎斯留滯貪早達京伏惟中丞閣下徳簡天心仁普遠近老弱連袂頌徳溢路男女携手詠功盈耳外示俗風内淳眞道伏願顧彼弘道令得入京然則早尋名徳速遂所志今不任陋願之至敢塵視聽伏深戰越謹奉啓以聞謹啓貞元二十年十月日日本國學問僧空海啓

性靈集　卷五　四

《与福州观察使入京启一首》书影

性靈集目録 終

遍照發揮性靈集卷第五

爲大使與福州觀察使書一首

賀能啓高山澹黙禽獸不告勞而投歸深水不言魚龍不憚倦而逐赴故能西羗梯險貢垂衣君南裔航深獻刑厝帝誠是明知艱難之亡身然猶忘命德化之遠及者也伏惟大唐聖朝霜露攸均皇王宜家明王繼武聖帝重興掩頓九野牢籠八紘是以我日本國常見風雨和順定知中國有聖刳巨掄於蒼嶺摘皇華於丹墀執蓬萊琛獻崑丘玉起昔迄今相續不絶故今我國主顧先祖之貽謀慕今帝之德化謹差

《为大使与福州观察使书一首》书影

信風一、第一・第二船同発入レ海。比レ及二海中一、八日初更、風急波高、打二破左右棚根一、潮水満レ船、蓋板挙流、人物随漂、無レ遺二夕撮米水一。副使小野朝臣石根等卅八人・唐使趙宝英等廿五人、同時没入、不レ得二相救一。但臣一人潜行着二舳檻角一、顧二眄前後一、生理絶レ路。十一日五更、帆檣倒二於船底一、断為二両段一、舳艫各去未レ知二所レ到。卌余人累二居方丈之舳一、挙レ舳欲レ没、載レ纜枕レ柂、得二少浮上一、脱二却衣裳一、裸身懸坐。米水不レ入レ口、已経二六日一、以二十三日亥時一漂二着肥後国天草郡西仲嶋一。臣之再生、叡造所レ救、不レ任二歓幸之至一。謹奉表以聞。

【史料3】『日本後紀』延暦二十四年六月乙巳条

遣唐使第一船到二泊対馬島下県郡一。大使従四位上藤原朝臣葛野麻呂上奏言、臣葛野麻呂等、去年七月六日、発レ従二肥前国松浦郡田浦一、四船入レ海。七日戌刻、第三・四両船、火信不レ応。出二入死生之間一、掣二曳波濤之上一、都卅四箇日、八月十日、到二福州長渓県赤岸鎮已南海口一。鎮将杜寧・県令胡延沂等相迎、語云、当州刺使柳冕、縁レ病去レ任、新除刺史未レ来、国家大平者。其向レ州之路、山谷峻隘、担行不レ穏、因廻レ船向レ州。十月三日、到レ州。新除観察使兼刺史閻済美処分、且奏、且放二廿三人一入レ京。十一月三日、臣等発二赴上都一。此州去レ京七千五百廿里、星発星宿、晨昏兼行。十二月廿一日、到二上都長楽駅一。廿三日、内使趙忠、将二飛龍家細馬廿三匹一迎来、兼持二酒脯一宣慰、駕即入二京城一、於二外宅一安置供給。特有二監使高品劉昂一、勾二当使院一。第二船判官菅原朝臣清公等廿七人、去九月

《日本后纪》关于遣唐使藤原葛野奏言漂流登入福州长溪县赤岸镇的记载

金刚峰寺局部

后来，空海跟从青龙寺惠果禅师修行密教，两年后学成回国。空海佛法高深，又擅长书法、诗文，颇得嵯峨天皇看重，受赐高野山创建金刚峰寺，创立日本密宗。他和圆珍和尚一起被日本人尊奉入选“入唐八家”。此外，空海还发明了日本字母平假名，为日本文化的发展做出了不可磨灭的贡献。

在中国佛教传播东北亚区域的过程当中，福建的寺院及僧人也发挥了重要作用。

福州开元寺空海纪念雕像

福州开元寺灵源阁空海大师纪念堂

四、隐元创建黄檗宗

明末清初的日本长崎港，因中日海上贸易的兴盛，迎来了大批中国商人及水手移民定居，形成了一定规模的长崎华人华侨社区。与此同时，中国的佛教、道教以及妈祖、关公等民间信仰也得以在此分香传播。隐元东渡长崎，是中国僧人继鉴真之后又一次弘法东瀛的盛举。隐元正是应长崎“唐三寺”中的兴福寺和崇福寺的邀请赴日的，他在日本不仅创建了黄檗山禅宗，改变了日本禅宗文化的传播格局，还带去了先进文化和生产技术，推动了当地经济社会的发展，日本把这一时期以隐元为代表带到日本的文化称为“黄檗文化”。

隐元，俗姓林，名曾昺，又名隆琦，号隐元，明万历二十年（1592）生于福州府福清县东林村，自幼好远游，亲近寺院。

1620 年，29 岁的隐元在福清黄檗寺拜兴寿为师，正式出家。

福清黄檗寺隐元纪念堂隐元禅师坐像

福清黄檗寺全名是黄檗山万福禅寺，因寺内多植黄檗（即黄柏）而得名。黄檗寺始建于唐贞元年间（785—805），传至明代，在中天正圆、觉田法钦、兴寿鉴源、兴慈镜源、密云圆悟、费隐通容等几代高僧的努力下，成为东南名刹。

福清黄檗寺全景

福清黄檗寺山门

福清黄檗寺大雄宝殿

隐元先后师从云门寺湛然圆澄、广慧寺密云圆悟等禅师参禅习法。明崇祯十年（1637），隐元出任福清黄檗寺住持。后明清鼎革，闽浙两地反清复明斗争激烈，战乱频繁，百姓生计维艰，隐元带领寺内弟子“清淡自守”，挑担入市卖柴以维持寺院日用。他对明朝感情深厚，与南明政权的抗清士大夫颇有交往。

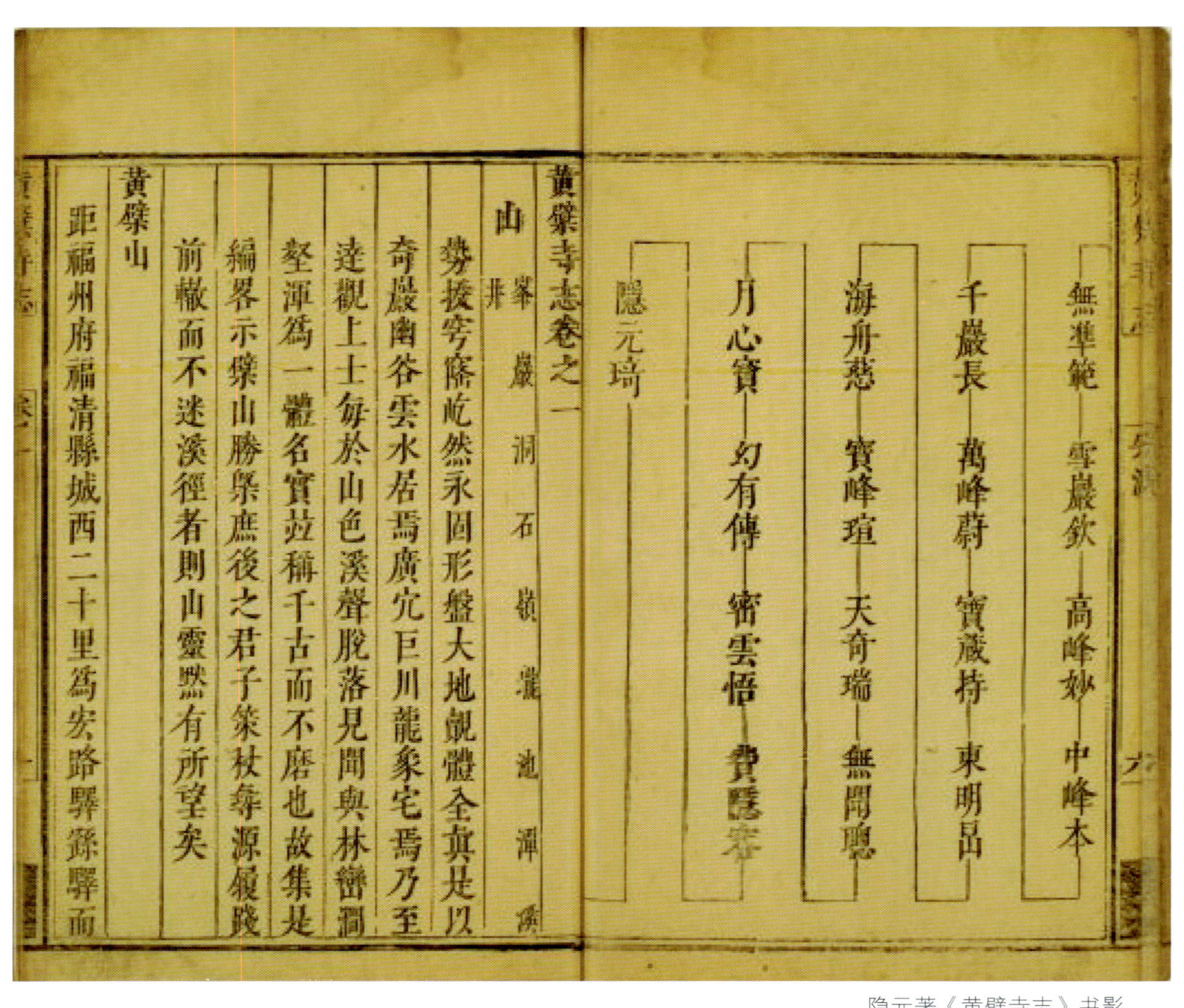

無準範—雪巖欽—高峰妙—中峰本
千巖長—萬峰蔚—寶藏持—東明旵
海舟慈—寶峰瑄—天奇瑞—無聞聰
月心寶—幻有傳—密雲悟—費隱容
隱元琦

黃檗寺志卷之一

山 峯 巖 洞 石 嶺 瀧 池 潭 溪 井

勢揆穹窿屹然永固形盤大地覩體全真是以奇巖幽谷雲水居焉廣宂巨川龍象宅焉乃至達觀上士每於山色溪聲脫落見聞與林巒澗壑渾爲一體名實並稱千古而不磨也故集是編畧示檗山勝槩庶後之君子策杖尋源履踐前轍而不迷溪徑者則山靈烝有所望矣

黃檗山

距福州府福清縣城西二十里爲安路驛蘇驛而

隐元著《黄檗寺志》书影

福清黄檗寺隐元桥

福清黄檗寺佛塔

福清黄檗寺藏经阁的《大般若经寄赠记念碑》

福清黄檗寺藏经阁。2003 年，日本京都万福寺及华人华侨团体寄赠大般若经 600 卷于此

福清黄檗寺隐元纪念堂。日本黄檗宗信众山冈容治、严慕娥夫妇捐建

清顺治八年（1651），日本长崎崇福寺邀请隐元的弟子、莆田凤山寺的也嬾性圭东渡担任崇福寺首座，然而他不幸遭遇海难。此后的两年，长崎兴福寺住持逸然性融（浙籍）和在家信众多次委托福建商船船主致信隐元，请他东渡传法，但隐元以年老等由一再婉拒，直到逸然性融第四次派弟子古石专程前来邀请，隐元被对方的诚意感动，同意东渡。

顺治十一年（1654），63岁的隐元率弟子多人开启东渡的行程。一行人在同安县中左（今厦门市区一带）受到郑成功及南明朝廷的厚待，得以搭乘郑氏商船东渡日本。他们于当年七月初五日抵达长崎港，兴福寺住持逸然性融率僧众把隐元一行请进兴福寺。长崎行政长官长崎奉行前来参谒。翌年，隐元进驻崇福寺两个月，开堂传法。

日本长崎兴福寺第三代住持逸然性融像

日本长崎东明山兴福寺碑。隐元抵日后曾在此寺居住传法一年

肥州長崎之圖

江户时期的肥前藩长崎商港，图左下角正南方有唐人屋敷及码头，隐元所乘中国商船皆由此登岸

东渡日本后，隐元先后主持兴福寺、崇福寺。他在京都传法的消息很快传遍日本各地，通过书信或亲自前来向他问道求法的人众多，其中不乏诸多地方官员。隐元在传法和建立宇治黄檗万福寺过程中，曾得到不少日本禅僧的热心帮助，其中著名的有妙心寺派的龙溪宗潜、秃翁妙周和大雄院的万拙知善等人。1658 年九月，按照幕府的安排，隐元在龙溪宗潜陪同下到江户（今日本东京）传法，入住天泽寺，受到民众热烈欢迎。十一月，将军德川家纲接见隐元，赐赠袈裟和黄金。隐元皆将其用来举办放生法会，为当地百姓祈福。在这期间，他受到幕府重臣酒井忠胜、稻叶正则等人的信敬，并为他们施戒。从此，隐元在日本的名声日著，愈来愈多的求法问道者前来拜访。

隐元塑像，现存日本京都黄檗山万福禅寺

隐元画像，日本京都黄檗山万福禅寺藏

1659 年六月，德川家纲将军特批隐元可在京都择地建寺传法，隐元遂选址京都南边的太和山（今宇治市大和田庄）。在幕府的直接过问和支持下（德川家纲施赠白金二万两及来自西域的进口木材），1661 年八月，寺院初步建成。隐元为不忘本，以故乡福清黄檗寺之名为之命名，寺额为“黄檗山万福禅寺”，从此有了“古黄檗”（福清）和“新黄檗”（宇治）之称。之后，隐元及其中国弟子继续扩建该寺，形成以法堂为中心，左右分布方丈堂、开山寿塔、禅堂、钟楼等宏伟建筑的格局。这些建筑，体现了明代福建建筑风格与日式建筑风格的有机融合。

日本京都黄檗山万福禅寺山门

日本京都黄檗山万福禅寺门及其题匾“第一义”(隐元题)

日本京都黄檗山万福禅寺大雄宝殿，日本国家级重要文物

日本京都黄檗山万福禅寺大雄宝殿远景

日本京都黄檗山万福禅寺伽蓝堂

隐元从福建带去的大雄宝殿木鱼，日本佛教界使用木鱼始于隐元

日本京都黄檗山万福禅寺中的鱼板

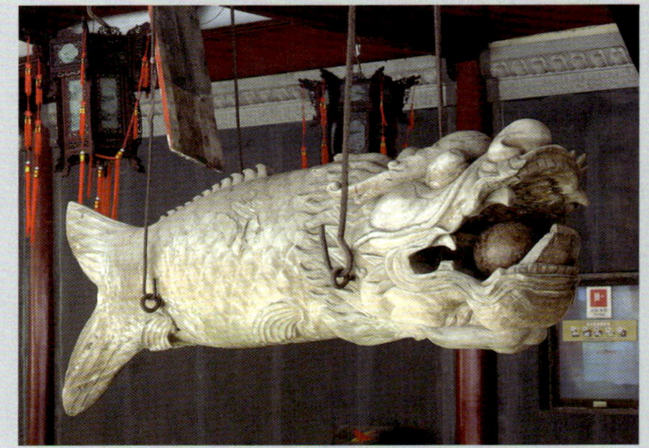
福州鼓山涌泉寺中的鱼板

具有明代福建建筑风格的日本京都黄檗山万福禅寺大雄宝殿

日本京都黄檗山万福禅寺法堂

日本京都黄檗山万福禅寺天王殿外景

日本京都黄檗山万福禅寺祖师堂

日本京都黄檗山万福禅寺开山堂

日本京都黄檗山万福禅寺鼓楼

日本京都黄檗山万福禅寺中的妈祖神像

隐元认为日本寺院造像“不甚如法”，特请福建晋江籍青年匠师范道生负责雕造各式佛像，这些造像精美，其显著的明代风格被很好地保存了下来。

日本京都黄檗山万福禅寺中的弥勒佛像

日本京都黄檗山万福禅寺中的韦陀天立像，福建匠师范道生的作品

伽蓝神（关公）像，福建匠师范道生画、木庵性瑫题词，日本神户市立博物馆藏

日本京都黄檗山万福禅寺中的多闻天立像，福建匠师范道生的作品

日本京都黄檗山万福禅寺中的百神像，福建匠师范道生雕刻

隐元在日弘法期间，受到后水尾天皇的敬重。天皇曾请隐元开示禅门“法要”，隐元答之以“别无言说，惟放下身心，觑破无位真人，自彻自悟”等宗旨，得到天皇的赞赏，并特赐舍利宝塔。两人之间常有文字往来。

后来，76岁的隐元受邀参观京都奈良诸寺时，“四众追随参礼者日以万计”，说明他在日本佛教界已经有很大的影响了。1664年，隐元辞去住持退居寺内的松隐堂，弟子木庵性瑫接任住持。1673年三月，隐元患病，各界前来慰问者络绎不绝。后水尾天皇也派使者慰问，并特赐“大光普照国师”之号。三月十三日，隐元写下遗偈“西来楖栗起雄风，幻出檗山不宰功。今日身心俱放下，顿超法界一真空”后去世，享年82岁。

2011年日本京都黄檗山万福禅寺外墙上的看板，纪念黄檗宗创建350周年

2013年10月，日本京都黄檗山万福禅寺大雄宝殿普度法会现场

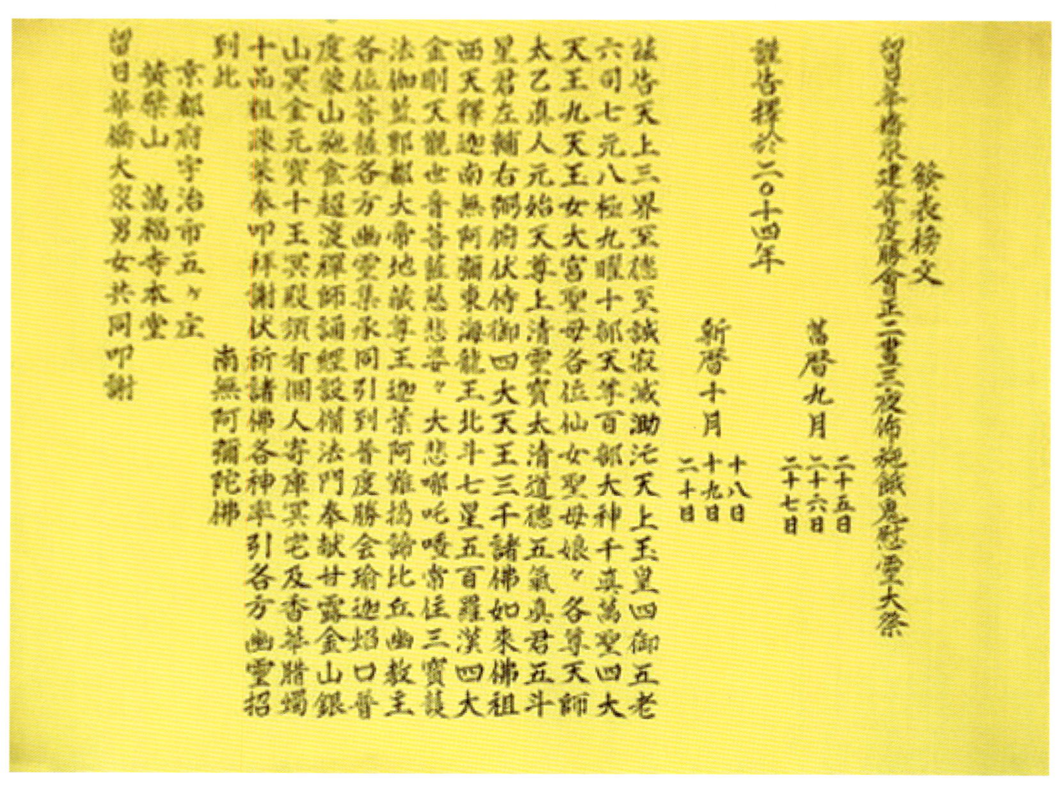

留日華僑泉建普度勝會正二晝三夜佈施餓鬼慰靈大祭
發表榜文
舊曆九月 二十五日 二十六日 二十七日
謹告擇於二〇十四年
新曆十月 十八日 十九日 二十日
謹告天上三界至聖至誠寂滅渺茫天上玉皇四御五老
六司七元八極九曜十部天尊百部大神千真萬聖四大
天王九天玉女大宮聖母各位仙女聖母娘々各尊天師
太乙真人元始天尊上清靈寶太清道德五氣真君五斗
星君左輔右弼俯伏侍御四大天王三千諸佛如來佛祖
西天釋迦南無阿彌東海龍王北斗七星五百羅漢四大
金剛天觀世音菩薩慈悲普々大悲嘛吒唵帝佳三寶護
法伽藍酆都大帝地藏尊王迦葉阿難揭諦比丘幽教主
各位菩薩各方幽靈集承同引到普度勝会瑜迦焰口普
度蒙山施食超渡禪師誦經設斛法門奉獻甘露金山銀
山冥金元寶十王冥殿須有個人寄庫冥宅及香華蠟燭
十品粗陳菜奉叩拜謝伏祈諸佛各神率引各方幽靈招
到此
南無阿彌陀佛
京都府宇治市五ヶ庄
黄檗山萬福寺本堂
留日華僑大眾男女共同叩謝

2013 年 10 月，日本京都黄檗山万福禅寺大雄宝殿普度法会的榜文

2013 年 10 月，日本京都黄檗山万福禅寺大雄宝殿普度法会现场外景

隐元在日本备受尊崇，之后的日本天皇相继追谥他为“佛慈广鉴国师”“径山首出国师”“觉性圆明国师”“真空大师”等。他的主要著作有《隐元禅师语录》《普照国师广录》《云涛集》《弘戒法仪》等，并订有《黄檗清规》。这些都是我们研究中国佛教海外交流史的重要资料。

隐元博学多才，除了精通佛学外，还精于医药、诗文，尤擅书法。传法的同时，隐元还将中国的素食烹饪食材及烹饪技艺也传播到日本。比如，在日本家喻户晓、日常餐桌中常见的“隐元豆”（即扁豆和四季豆）、西瓜、莲蓬、竹笋等食材，以及观赏用植物——孟宗竹。明代闽浙地区寺庙中常见的素食菜肴经过黄檗山僧众的加工，形成了现在日本京都地区闻名遐迩的“普茶料理”。

另外，黄檗僧众还把明代中国盛行的煎茶饮茶方法带到了日本，成为日本饮茶文化中的重要组成部分。这些传播与交流极大地丰富了日本人饮食文化的内容和精神世界。

隐元从福建带到日本的孟宗竹，位于宇治万福禅寺院内

日本幼儿读物中对隐元传播的中国文化的描绘

五、新罗僧人福建行

唐末五代时期，福建与朝鲜半岛的新罗国关系良好，双方人员往来十分密切。当时王氏割据闽地，由于地狭人少，国力不强。为增强势力，统治者积极奖励对外贸易，招徕海商航行朝鲜半岛及日本。王继鹏和王延羲在位期间，新罗朝廷还派遣使节前来相赠宝剑。新罗使节入唐朝贡多走海路，往往在福州登陆，尔后再辗转赴长安。除了商人和官员，两地僧侣的交往也很密切，这一时期就有许多新罗僧人来闽学法。

唐代，福建与朝鲜半岛的新罗国就有人员往来。据《大唐西域求法高僧传》记载，唐太宗贞观年间（627—649），新罗国僧人慧轮就是先由海路来到福州，然后沿官道前往长安修习佛法的。

典誥餐明。善容儀極詳審。振錫江表。拯物爲懷。漸次南行。達于交阯。住經載稔。緇素欽風。汎舶南上。期西印度。至訶陵北渤盆國遇疾而終。年三十矣

義輝論師。洛陽人也。受性聰敏。理思鉤深。博學爲懷。尋眞是務。聽攝論俱舍等。頗亦有功。但以義有異同。情生舛互。而欲思觀梵本。親聽微言。遂指掌中天。還望東夏。惜哉苗而不實。壯志先秋。到郎迦戍國。嬰疾而亡。年三十餘矣

復有大唐三僧。從北道到烏長那國。傳聞向佛頂骨處禮拜。今亦不委存亡。烏長僧至傳說之矣

右四十人

慧輪師者。新羅人也。梵名般若跋摩（唐云慧甲）自本國出家。翹心聖迹。汎舶而陵閩越。涉步而屆長安。奉勅隨玄照師西行以充侍者。既之西國。遍禮聖蹤。居菴摩羅跛國在信者寺住經十載。近住次東邊北方覩貨羅僧寺。元是覩貨羅人爲本國僧所造。其寺巨富。貲產豐饒。供養餐設。餘莫加也。寺名健陀羅山荼。慧輪住此。旣善梵言。薄閑俱舍。來日尚在。年向四十矣。其北方僧來者。皆住此寺爲主人耳。大覺寺西有迦畢試國寺。寺亦巨富。多諸碩德。普學小乘。北方僧來亦住此寺。名窶拏折里多（唐云德行）大覺東北兩驛許有寺名屈錄迦。即是南方屈錄迦國王昔所造也。寺雖貧素而戒行清嚴。近者日軍王復於故寺之側更造一寺。今始新成。南國僧來多住於此。諸方皆悉有寺。所以本國通流。神州獨無一處。致令往還艱苦耳。那爛陀寺東四十驛許。尋殑伽河而下至蜜栗伽悉他鉢娜寺（唐云鹿園寺也）去此寺不遠有一故寺。但有塼基。厥號支那寺。古老相傳云。是昔室利笈多大王爲支那國僧所造（支那即廣州也。莫訶支那即京師也。亦云提婆弗呾羅。唐云天子也）于時有唐僧二十許人。從蜀川牂牁道而出（蜀川去此寺有五百餘驛）向莫訶菩提禮拜。王見敬重。遂施此地以充停息。給大村封二十四所。於後唐僧亡沒。村乃割屬餘人。現有三村入鹿園寺矣。准量支那寺至今可五百餘年矣。現今地屬東印度王。其王名提婆跋摩。每言曰。若有大唐天子處數僧來者。我爲重興此寺。還其村封。令不絕也。誠可歎曰。雖有鵲巢之易。而樂福者難逢。必若心存濟益。奏請弘此。誠非小事也。金剛座大覺寺即僧訶羅國王所造。師子洲僧舊住於此。大覺寺東北行七驛許至那爛陀寺。乃是古王室利鑠羯羅昳底。爲北天菩薩羯羅社槃所造。此寺初基纔餘方堵。其後代國王苗裔相承。造製宏壯。則贍部洲中當今無以加也。軌模不可具述。但且略叙區寰耳。然其寺形畟方如城。四面直簷長廊遍匝。皆是塼室。重疊三層。層高丈餘。橫梁板闐。本無椽瓦。用塼平覆。寺背正直。隨意旋往。其房後壁即爲外面也。壘塼峻峭。高三四丈。上作人頭。高共人等。其僧房也。面有九焉。一一房中可方丈許。後面通窓戶向簷矣。其門既高。唯安一扇。皆相瞻望。不許安簾。出外平觀。四面皆覩。互相檢察。

二〇六六 大唐西域求法高僧傳卷上

《大唐西域求法高僧传》关于唐贞观年间新罗僧人慧轮来闽的记载

庚申康州元甫珍景等運粮于古子郡甄萱
潛師襲康州珍景等還戰敗死者三百餘人
將軍有文降于萱　六月甲戌碧珍郡地震
癸巳伊餐進慶卒贈大匡　秋七月辛亥
渤海人大儒範率民來附　丙辰自將擊三
年山城不克遂幸青州　八月幸忠州甄萱
使將軍官昕城陽山王遣命旨城元甫王忠
率兵擊走之官昕退保大良城萱軍芟取大
木郡禾稼遂分屯烏於谷竹嶺路塞命王忠
二十
等往諜于曹物城　新羅僧洪慶自唐閩府
航載大藏經一部至禮成江王親迎之置于
帝釋院　九月丁丑大相權信卒賞以破黄
山郡功授重阿餐　丁酉渤海人隱繼宗等
來附見於天德殿三拜人謂失禮大相含弘
曰失土人三拜古之禮也　冬十一月甄萱
選勁卒攻拔烏於谷城殺戍卒一千將軍楊
志明式等六人出降王命集諸軍于毬庭以
六人妻子徇諸軍而斬之　是歲巡幸北界

《高丽史》关于新罗僧洪庆自唐闽府回的记载

唐天佑年间（904—907），王延彬担任泉州刺史，曾向在泉州弘法的高丽僧人玄讷禅师求教。《景德传灯录》记载：“泉州福清院玄讷禅师，高丽人也。初住福清道场，传象骨之灯，学者归慕。泉守王公问：‘如何是宗乘中事？’师叱之。僧问：‘如何是触目菩提？’师曰：‘阇梨失却半年粮。’曰：‘为什么失却半年粮？’师曰：‘只为图他一斗米。’问：‘如何是清净法身？’师曰：‘虾蟆、曲蟮。’问：‘教云：唯一坚密身，一切尘中现。如何是坚密身？’师曰：‘驴、马、猫儿。’曰：‘乞师指示。’师曰：‘驴、马也不会？’问：‘如何是物物上辨明？’师展一足示之。师住福清三十年，大阐玄风，终于本山。”

到了五代时期，新罗僧人仍然往来于朝鲜半岛和福建之间。据《高丽史》记载，后唐明宗天成三年（928），“新罗僧洪庆自唐闽府航载《大藏经》一部至，礼成”。

另据《五灯会元》记载，有“灵照真觉禅师，高丽人也，萍游闽越，升雪峰之堂”。

《淳熙三山志》卷三十八记载：“怀安县安国寺……光化初，僧师备自雪峰来居焉，馆徒常千人，高丽、日本诸僧亦有至者。”

唐末，新罗龟山和尚从福州长庆寺慧稜禅师学法，慧稜禅师是雪峰义存禅师的法嗣。在《卍新纂续藏经》之《教外别传》中有一条“新罗龟山和尚”条目，该条目详文如下：“新罗国龟山和尚。有人举裴相国启建法会，问僧：‘看什么经？’曰：‘无言童子经。’公曰：‘有几卷？’曰：‘两卷。’公曰：‘既是无言，为什么却有两卷？’僧无对。师代曰：‘若论无言，非唯两卷！’”

須有不跨石門句作麽生是不跨石門句鼓山自住三十餘年五湖四海來者向高山頂上看山翫水未見一人快利通得箇消息如今還有人通得也未若通得亦不昧諸兄弟若無不如散去珍重師有偈曰直下猶難會尋言轉更賒若論佛與祖特地隔天涯師舉問僧汝作麽生會僧無語乃謂侍者曰某甲不會請代一轉語者曰和尚與麽道猶隔天涯在僧舉似師師喚侍者問汝為這僧代語是否者曰是師便打趁出院

欽定四庫全書　五燈會元 卷七　六十五

杭州龍華寺靈照真覺禪師高麗人也萍遊閩越陞雪峰之堂冥符玄旨居唯一衲服勤衆務閩中謂之照布衲一夕指半月問溥上座曰那一片甚麽處去也溥曰莫妄想師曰失却一片也衆雖歎美而恬澹自持初住婺州齊雲山上堂良久忽舒手顧衆曰乞取些子乞取些子又曰一人傳虛萬人傳實僧問草童能歌舞未審今時還有無師下座作舞曰沙彌會麽曰不會師曰山僧蹋曲子也不會問還丹一粒點鐵成金至理一言轉

《五灯会元》关于龙华灵照禅师游闽的记载

復之光化初僧師備自雪峯來居焉館徒常千人高
麗日本諸僧亦有至者師備閩縣江南人也號宗一禪師長興元年閩王延鈞所
立碑文節度副使延秉撰石刻今存晋開運中淮兵入寇蹂為荒墟皇
朝祥符四年仍故址新之　臥龍山石刻三字程公師孟詩閩說林
泉使訪尋平田一邏上孫枩榕陰落處宜千家萬子生時直萬金盡放邏回官舍近不妨閑坐石門深四
邊焰熱正租了惰憾儂家出郭心時陳先生衰劉先生熟湛郎中俞同遊各有和詩舊記云陳寶應時此
山有巨石無故自移　蔓經臺祥符四年僧可度即院之北臺蔓[illegible]嚴經景祐四年夏英公竦記其
事　愛亭元公絳詩朱穲何事獨東蛸不為溪山只為民最愛年年禾稻熟時豐自有壤歌人　放

欽定四庫全書　淳熙三山志　卷三十八　十

生池舊產錢一十三貫五百一十三文曾記一十二貫九百六十
一文
小資福院興城里同年置舊產錢六十五文曾記六十三文
五臺院同里光化三年置舊產錢五十二文
興國院施化里天復二年置舊產錢二百九十四文曾記二百六十文
廣平院同里雖申舊溪也天祐四年置舊產錢一貫八百五
十二文

《淳熙三山志》相关记载的书影

六、日本佛寺闽僧情

随着航海贸易的繁荣，佛教也得到不断传播，许多福建僧侣相继到日本弘法，因此，佛寺也在日本一座一座地建起来，在长崎、京都、奈良，都有福建僧侣住持的佛寺。

日本长崎崇福寺山门

1. 唐人修建的佛寺

日本有一些佛寺是由中国海商出资修建的。中国海商信奉佛教，有雄厚的经济实力，因此修寺庙的工作就由他们承揽了。佛寺，不仅是华商烧香拜佛的地方，同时也是华人聚集的场所。值得注意的是，佛寺不仅仅供奉佛像，也敬奉妈祖、关帝等。

（1）崇福寺

日本后水尾天皇宽永六年（1629），旅居长崎的“福州帮”华侨为联谊同乡之情，同时为向江户幕府表明非基督教信徒的事实，由林楚玉、何高材等侨领以及唐通事林仁兵卫发起，在今长崎市锻冶屋町创建崇福寺。他们专门聘请福州府籍僧人超然为寺院开基，并任第一代住持。长崎当地百姓俗称该寺为“福州寺”。

日本长崎崇福寺第一峰门（创建于 1644 年）

崇福寺在长崎享有盛誉，因为在整个九州地区仅有五处日本国宝级古代建筑，其中两处就坐落在崇福寺内，它们分别是“第一峰门”和大雄宝殿。大雄宝殿的主体构件全部在中国制作，经由华人商船分批运至长崎组装而成，既是日本的国宝，也是长崎市现存最古老的建筑物。崇福寺内尚有五处建筑被指定为日本重要文物。

第一峰门题匾，隐元弟子即非禅师题

日本长崎崇福寺大雄宝殿（创建于 1646 年）

日本长崎崇福寺大雄宝殿释迦牟尼佛坐像

日本长崎崇福寺大雄宝殿外廊斗拱，是国宝认定的实物证据之一

日本长崎崇福寺大雄宝殿外廊拱顶的大型“逆擬宝珠束”垂花柱

日本长崎崇福寺大雄宝殿外廊上方的拱形“黄檗天井”

长崎崇福寺内部各佛堂建筑布局相对完整，建筑特征延续了中国传统的“七堂伽蓝”形制，是日本现存中国传统佛寺建筑样式最古老的一座寺院。

日本长崎崇福寺妈祖堂外的妈祖门

妈祖门屋顶的鬼瓦装饰

妈祖门屋顶的“福”鬼瓦装饰

此外，隐元在1655年三月住持长崎圣寿山崇福禅寺，是该寺第四代住持。隐元在崇福寺的时间虽然不长，却留下了不少黄檗文化遗产。比如山门上的匾额“圣寿山”就是他亲笔所书，他的墨宝和该寺山门建筑被指定为日本国家级文物保护单位。

每年日本旧历七月二十六日到二十八日，崇福寺都会举办盂兰盆会（即普度），许多在日华侨商人会前来参加法会祭拜先灵。法会及其仪式完整地保留了明末清初福建普度习俗的风貌和主要特征，这些内容是考察和研究古代福建民间普度习俗的珍贵材料。

日本长崎崇福寺山门匾额“圣寿山”（隐元题）

（2）福济寺

日本长崎福济寺新址上保留的旧构件

福济寺位于长崎市筑后町，俗称“泉州寺”或“漳州寺”，由旅日的福建漳州、泉州侨胞发起创建。据日本史料记载，1628年，有漳州南山寺僧觉悔和弟子了然、觉意等人一道东渡至此，他们按照明代中国建筑风格在此地建造庙宇一座，奉祀妈祖，感谢妈祖庇护中国商船的安全，这便是福济寺的前身。

日本长崎福济寺旧址模型，长崎历史资料馆藏

日本长崎福济寺新址前的碑铭

到了1649年，由长崎通事颍川藤左卫门（本名陈道融，漳州龙溪籍华人二世）与住在长崎的闽南同乡及船主商议，扩张寺域，营建诸堂，并从泉州安平紫云山开元寺延请蕴谦戒琬禅师前来住持，更名福济寺。

日本长崎福济寺新庙宇

之后，隐元来长崎也一度应请住寺传法。其后，木庵性瑫、慈岳道琛、即非如一、悦山道宗等闽籍东渡僧，相继在此开堂说法。当时的福济寺规模宏大华丽，是长崎最壮观的寺庙之一。寺内的大雄宝殿于1927年被日本政府认定为国宝，后毁于1945年8月9日的长崎核爆，现已改建成一座万国灵庙。新寺庙的屋顶建成一只巨大的海龟状，一尊18米高的观音建在龟背上，面向长崎港湾，现已成为长崎港的一个重要地标。

日本长崎福济寺新建筑上的观音巨龟像

日本长崎福济寺新主殿内景

（3）兴福寺

长崎兴福寺是长崎“四唐寺”中建立最早的寺院，始建于1624年，是由明末赴日的江西籍僧人真円在众多侨商信众的热心支持下兴建起来的。因这些信众多以苏、浙、赣三省商人及移民为主，而他们赴日经商又多搭乘南京启航的商船，故当地人又称兴福寺为“南京寺”。

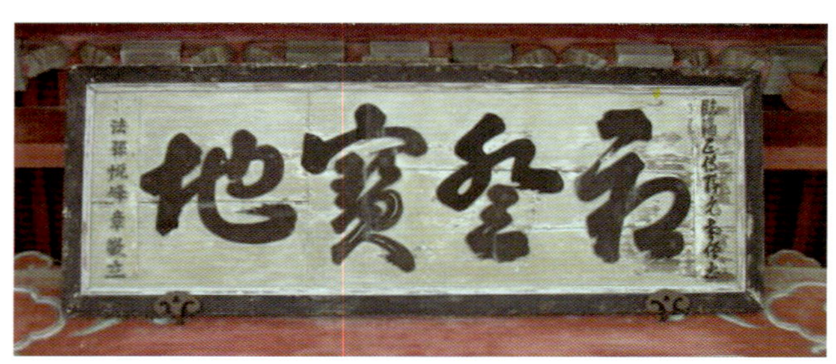

日本长崎兴福寺山门主梁内侧的匾额“初登宝地”（隐元亲笔）

日本长崎兴福寺山门

大雄宝殿侧墙上的冰裂纹窗户，福建的古建筑中常见

因兴福寺为日本传播黄檗禅宗最早的寺院，所以它在日本黄檗文化史上占有重要地位。寺内保存的大雄宝殿和旧唐人屋敷门是日本国家级文物保护单位，寺内除佛殿以外，还建有妈祖堂，内祀天后圣母、关圣帝君以及大道公（即三官大帝）。

日本长崎兴福寺大雄宝殿（匾额为隐元亲笔）

日本长崎兴福寺妈祖堂

日本长崎兴福寺内的旧唐人屋敷门，用材为福建闽叶杉

2. 风尘仆仆的僧人

黄檗寺的建立，标志着临济宗、曹洞宗之外，黄檗宗在日本的正式成立。通过隐元及其后继弟子的努力，黄檗宗迅速发展，逐渐融入日本佛教界和社会。随隐元赴日的弟子有 30 多人，其中有的后来归国，有的在东瀛传法终身。留在日本的著名弟子有大眉性善、慧林性机、独言性闻、独湛性莹、独吼性狮、南源性派、唯一道实等人。嗣后，又从福建渡海而来的还有木庵性瑫、即非如一二人。

木庵性瑫像，日本神户市立博物馆藏

（1）木庵性瑫

木庵性瑫（1611—1684），俗姓吴，字木庵，法名性瑫，泉州晋江人，19 岁出家，明崇祯八年（1635）在福州鼓山永觉元贤门下参学曹洞宗。之后赴浙江师从密云圆悟、费隐通容等高僧参禅，清顺治五年（1648）到福清黄檗寺参谒隐元，并从嗣法。

顺治十二年（1655），木庵性瑫应已在长崎崇福寺的隐元招请赴日，先任长崎福济寺住持，宇治黄檗寺建成后来到隐元身边。到了 1663 年，宇治黄檗寺僧众人数已经发展到 500 多名，隐元命木庵性瑫与即非如一分任两堂首座辅佐他传法。第二年隐元退位，木庵性瑫继为第二代住持。木庵性瑫在幕府支持下继续扩建寺院，建造了大雄宝殿、韦陀殿和禅悦堂等。

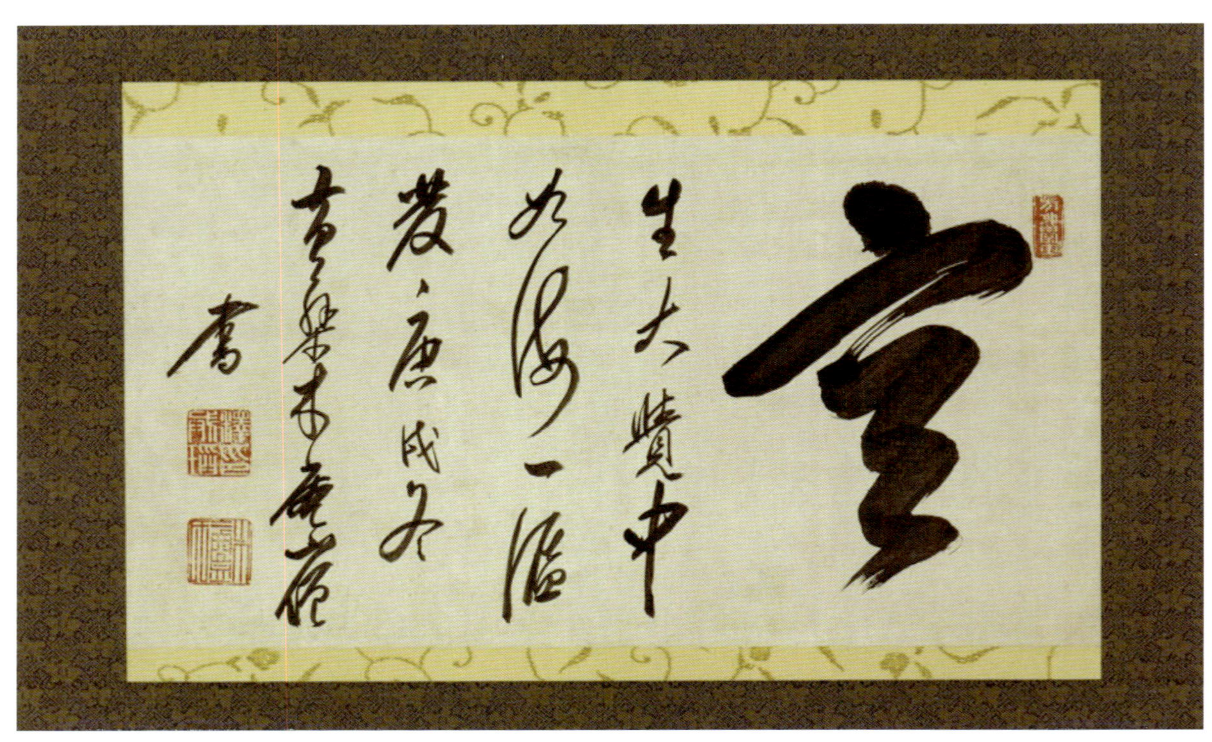

木庵性瑫墨宝，美国亚洲艺术博物馆藏

1670 年，木庵性瑫受灵元天皇赐紫衣，并受邀前往江户新建瑞圣寺。1674 年，木庵性瑫在该寺主持了盛大的三坛授戒（沙弥戒、比丘戒、菩萨戒）仪式，按中国佛教融大小乘戒法为一体的戒规授戒，有很多僧俗信众前来受戒。1684 年正月，木庵性瑫写下“一切空寂，万法无相”后去世，享年 74 岁，谥号“慧明国师”。其日籍弟子铁牛道机继任住持。木庵性瑫前后住持宇治黄檗寺 17 年，并应请为丰前（在今日本大分县）开善寺、摄津方向寺、大阪舍利寺三寺的开山祖师，在日本禅宗界享有崇高的地位。其弟子有 50 多人，多数为日本人。

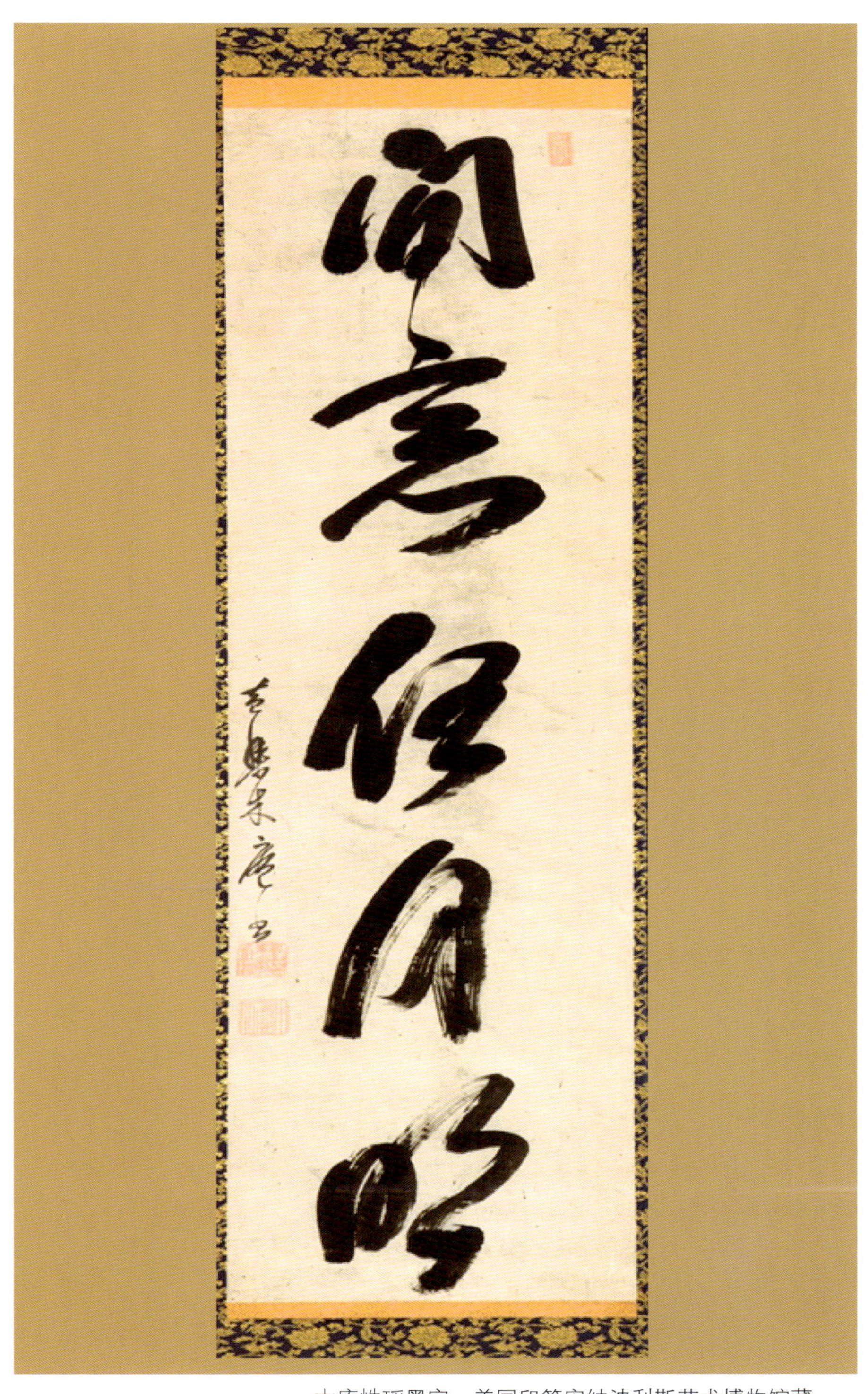

木庵性瑫墨宝，美国印第安纳波利斯艺术博物馆藏

即非如一自赞自题画像

（2）即非如一

即非如一（1616—1671），福州福清人，18岁出家，先参谒密云、费隐、永觉等高僧，后入隐元室。清顺治十四年（1657）应隐元召请东渡日本长崎，初住开广寺、福聚寺，后住持崇福寺，名声远播。与当时住持福济寺的木庵性瑫唱拍相随，被称为“二甘露门”。

后至黄檗山扶助隐元弘法，对于黄檗文化的兴隆贡献很大。1664年，即非如一一度计划回国住持福州雪峰寺，途经九州丰前时，为开善寺长老及当地领主挽留，兴建福聚禅寺并出任开山住持。即非如一在该寺传法四年，1668年退隐于长崎崇福寺。1671年，即非如一写下“生如是，死如是，坐断生死关，触破没把鼻”后辞世，享年56岁。有传法语录25卷传世，嗣法弟子有柏岩道节、千呆性安等五人，被奉为尾张东轮寺、伊豫千秋寺、摄津雪峰寺的开山祖师。即非如一擅长书画，其作品深受日本人喜爱。

即非如一和千呆性安师徒二人画像

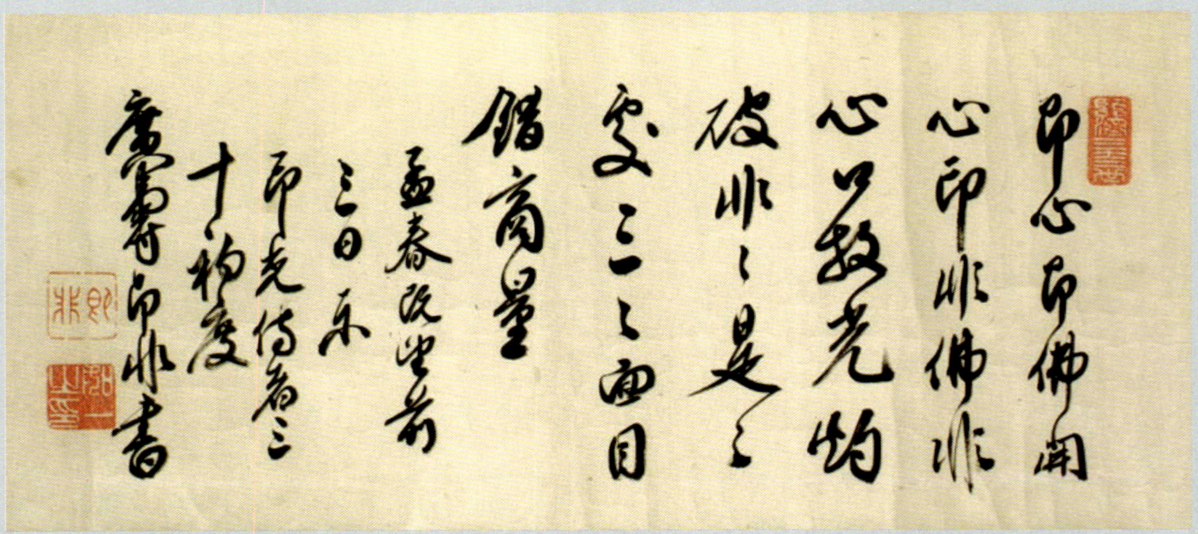

即非如一墨宝，美国费城艺术博物馆藏

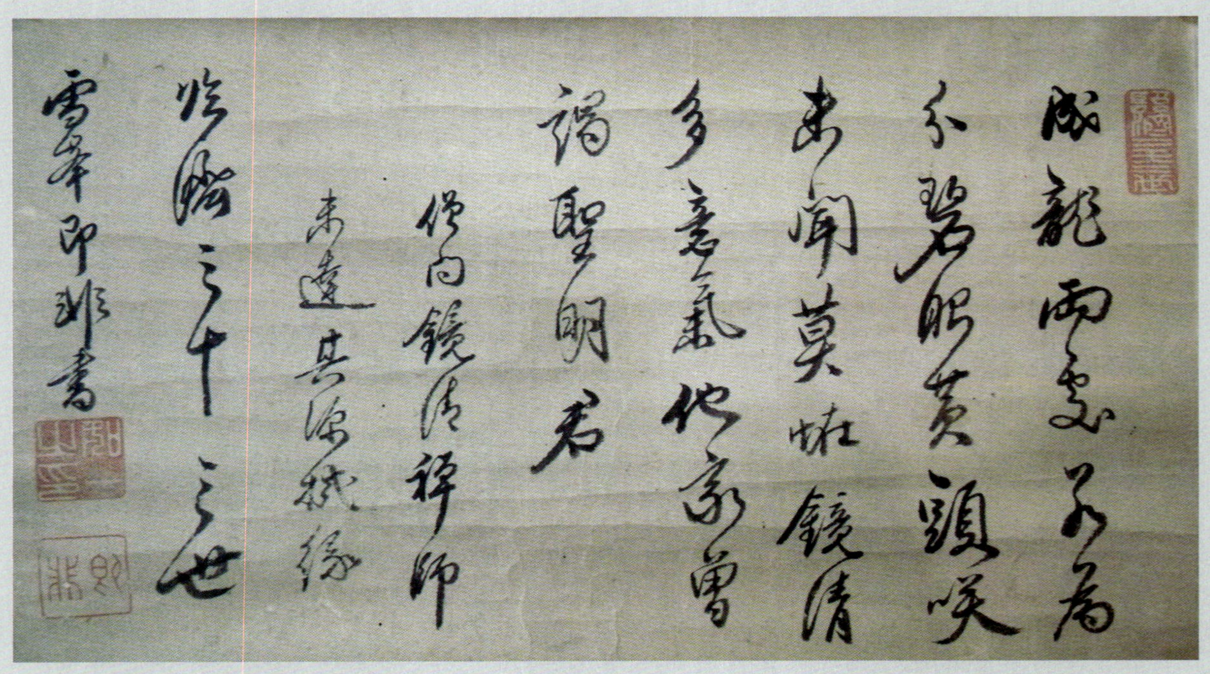

即非如一墨宝

（3）慧林性机

慧林性机（1609—1681），俗名郑性知，福州福清人，40 岁出家。出家前的慧林性机为教员，曾热衷于科考。清顺治六年（1649）慧林性机至黄檗山师从隐元，后随隐元东渡日本，先住长崎崇福寺、摄津佛日寺，1654 年又随隐元至关东地区，住持摄津普门寺西堂。1661 年出任佛日寺住持，1680 年出任日本黄檗山万福寺第三代住持。翌年去世，享年 73 岁，留日 27 年。著有《二会语录》《沧浪声》《耶山集》等。

（4）独湛性莹

独湛性莹（1628—1706），俗姓陈，福建莆田人。出家后，随隐元东渡，1664 年嗣法，创建远州宝林寺和上野国瑞寺。1682 年为日本黄檗山万福寺第四代住持，兼修净土教，日诵《阿弥陀经》48 卷。日本人尊称“念佛独湛”。1706 年去世，享年 79 岁，留日 52 年。著有《语录》《扶桑寄归往生传》《称扬净土咏赞》《净土诗》《作福念佛图》和《当麻曼荼罗缘起说》等。

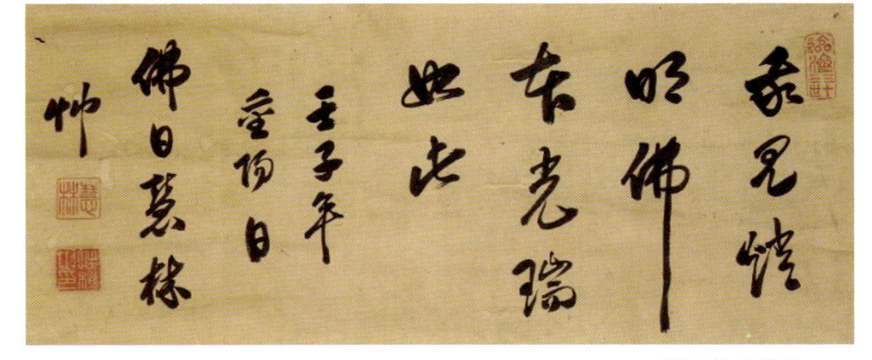

慧林性机墨宝

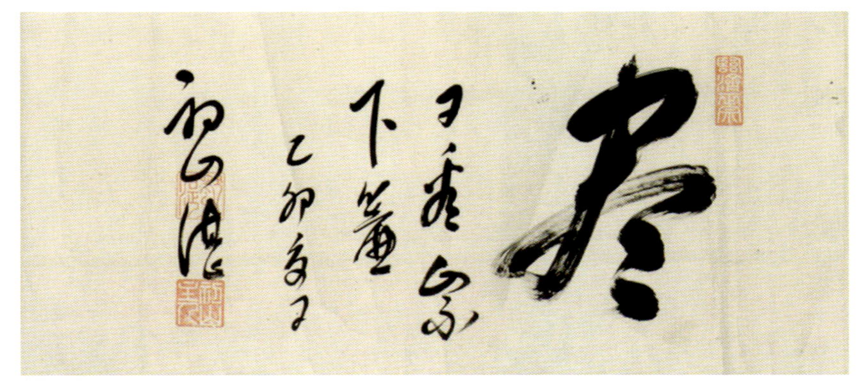

独湛性莹墨宝，美国费城艺术博物馆藏

（5）南源性派

南源性派（1631—1692），俗姓林，字南源，福州福清人。初投黄檗山无净出家，后参谒隐元，并随隐元东渡日本。南源性派最初住在黄檗山内开华藏院，后游历日本关西和关东两地，一度住在摄津国分寺，曾参与河内正兴寺重建。1688年，京都重建东大寺大佛殿，设千僧会，南源性派受邀任法会导师。年老后归黄檗山，隐栖于高寿轩。黄檗僧多能诗善赋，时有“诗南源，文高泉”之说。南源性派擅诗作，高泉性潡长文章，都深得老师隐元及众僧推崇。1692年，62岁的南源性派示寂，在日29年。南源性派主要著作有《鉴古录》（30卷）、《芝林集》（24卷）、《藏林集》（1卷）等。

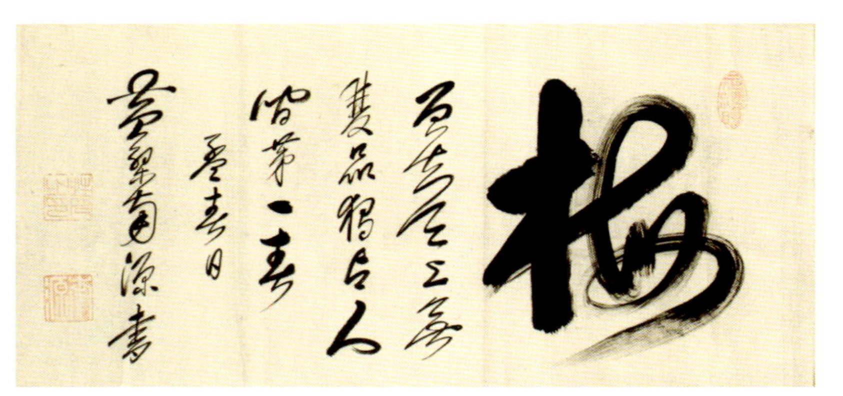

南源性派墨宝，美国费城艺术博物馆藏

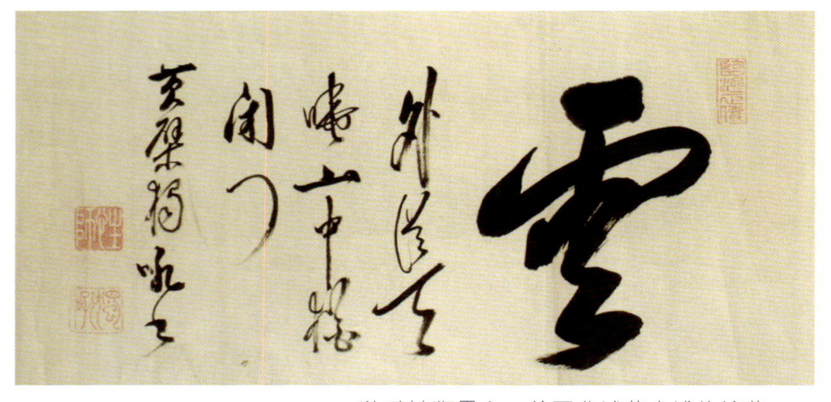

独吼性狮墨宝，美国费城艺术博物馆藏

（6）独吼性狮

独吼性狮（1624—1688），俗姓朱，字独吼，别号秀峰，福州人。1643年，20岁的独吼性狮与云涧共参隐元禅师，1654年，随隐元东渡日本。先后任日本黄檗山万福禅寺堂司、监院，1671年退隐该寺汉松院。1688年65岁去世，留日34年。著作有《五云集》（4卷）。

（7）高泉性潡

高泉性潡（1633—1695），俗姓林，字良伟，号云外、昙华道人，福州福清人。13 岁于福清黄檗山万福禅寺出家，师事慧门如沛。1661 年，隐元 70 大寿时，福清黄檗山住持慧门遣其渡日致贺，留日不归。后住奥州法云寺，并掌理摄津佛日寺，兴建加贺藩献珠寺，受该藩藩主前田纲纪之归依。其后，回归宇治万福寺，多次受邀为后水尾天皇说法，得灵元天皇归依。1692 年接掌万福寺第五代住持。1695 年又至江户，受邀为幕府将军德川纲吉说法，该年示寂，享年 63 岁，谥号“大圆广慧国师”“佛智常照国师”，后世尊其为黄檗山中兴之祖。著作有《扶桑禅林僧宝传》（10 卷）、《续扶桑禅林僧宝传》（3 卷）、《东国高僧传》（10 卷）等多种。

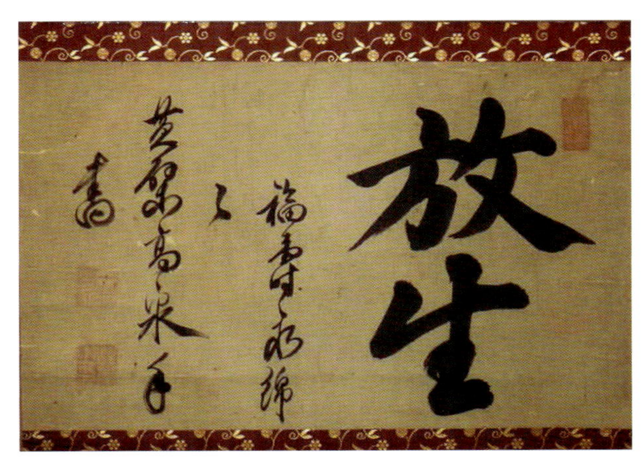

高泉性潡墨宝，江苏省博古斋画廊藏

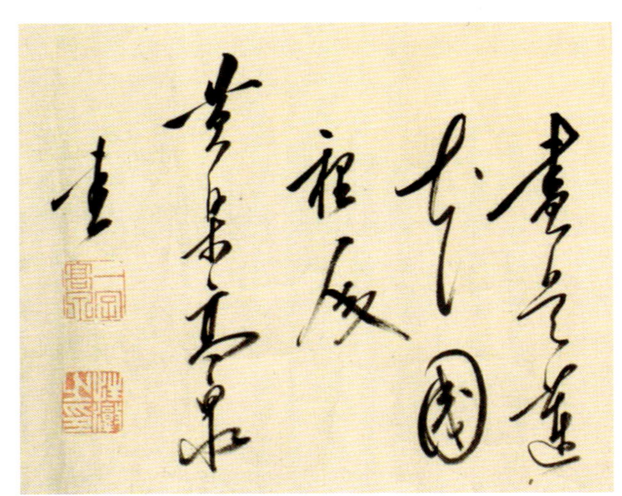

高泉性潡墨宝，美国费城艺术博物馆藏

千呆性安画像

（8）千呆性安

千呆性安（1636—1705），俗姓陈，法名性安，道号千呆，别号云瑞，福州长乐（今福州市长乐区）人。17 岁时于雪峰崇圣寺出家，师事即非如一。1657 年随师东渡日本。1668 年受命兴建广福寺，主持长崎崇福寺。日本灵元天皇延宝（1673—1680）、天和（1681—1683）年间饥馑之际，他卖书画铸造大锅，施粥救济灾民，成为佳话。千呆性安还是岛取县龙宝山兴禅寺、京都伏见石峰寺的开山祖师，1695 年被推举为日本黄檗山万福禅寺第六代住持。1705 年去世，享年 70 岁，擅书。

日本京都伏见石峰寺

（9）悦山道宗

悦山道宗（1629—1709），俗姓孙，号髫辉定珠，福建泉州人。22 岁于漳州南山寺出家，1657 年 29 岁东渡日本，进长崎福济寺参谒木庵性瑫。1661 年参与黄檗寺建设，1672 年嗣法。他还是大阪舍利寺、西海寺和一乘院的开山祖师。1705 年回黄檗山万福禅寺出任第七代住持。1707 年，悦山道宗隐栖慈福院，1709 年去世，享年 81 岁。悦山道宗擅长日本书道，日本人尊称“书悦山”。

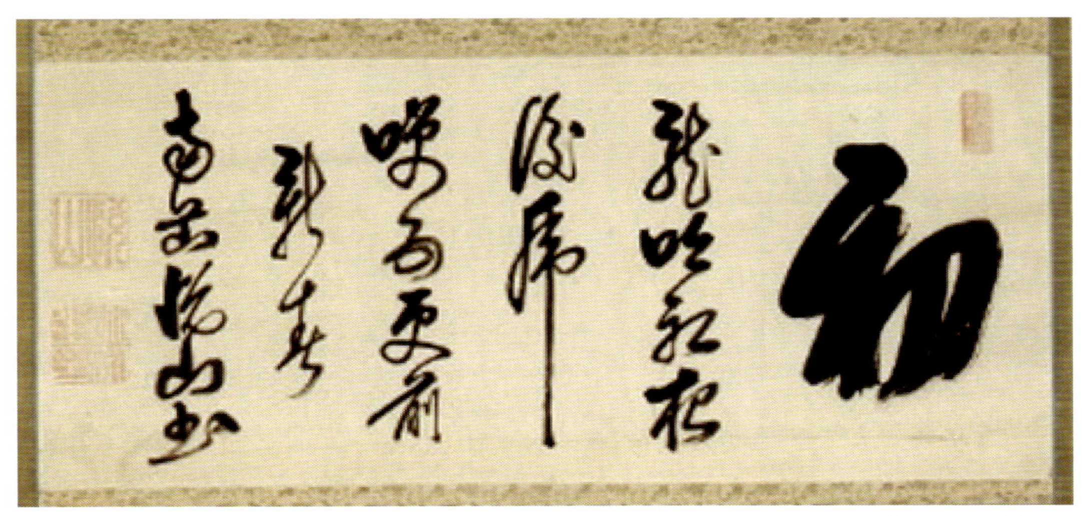

悦山道宗墨宝，美国克利夫兰艺术博物馆藏

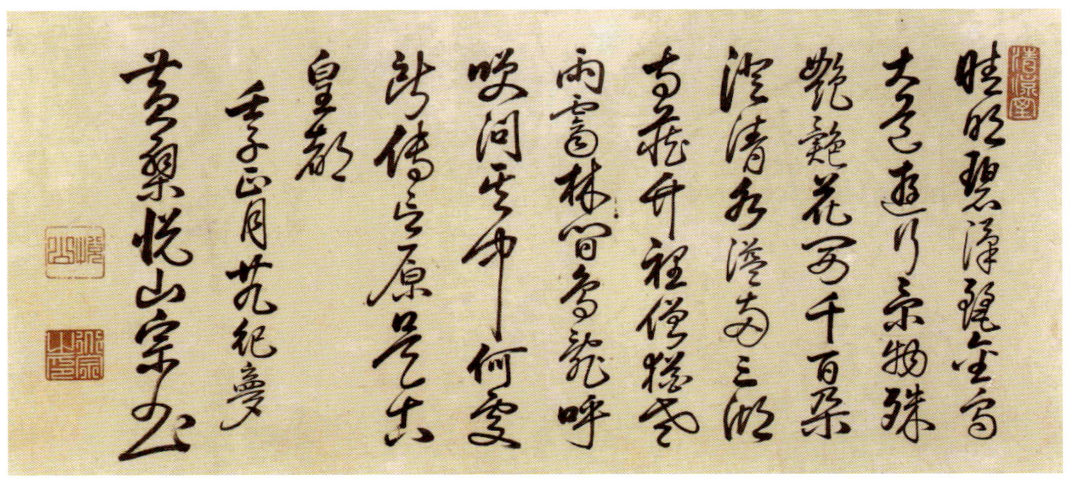

悦山道宗墨宝，日本长崎南山手美术馆藏

悦山道宗墨宝，日本长崎南山手美术馆藏

隐元弟子虽以中国人为主，福建人为多，但亦有众多日籍弟子，尤以龙溪性潜、独照性圆、独本性源三人最为著名。隐元还拥有大量继承其法脉的二传或三传弟子，其中的杰出法师有铁牛道机、铁眼道光、潮音道海、了翁道觉等人，他们将隐元的禅法和黄檗宗的精神介绍、传播到日本各地，推动了当时日本佛法的革新和振兴。宇治万福禅寺是按照中国南派寺院的样式和风格建造的，对日本佛教界和民众有很大吸引力。隐元后继弟子中有很多人善诗文、书画、篆刻，他们的作品受到日本各界人士和僧俗信众的喜爱，对江户时代日本的文化艺术产生了很大影响。

第三章
闽人建构东北亚商圈

随着航海技术的提升和社会经济的发展，福建海商分走东、西二洋。福建海商与东北亚各国的商人相互贸易往来，使福建与这些地区的关系密切，从而带来了东北亚地区间的经济发展和文化交流。甚至有福建人随贸易船只出海游历，却阴差阳错地在东北亚异国有滋有味地做起官来，这也从另一个方面促进了福建与东北亚各国友好关系的发展。

一、南来海舶浮云涛

对外贸易的兴盛是一个国家国力尤其是经济、生产技术和文化综合实力的体现。宋元时期，中国的农业、手工业、商业得到显著发展，社会经济呈现新的繁荣，尤其是南方的进一步开发和经济重心的南移，为宋代发展海外贸易奠定了物质基础。福建的泉州和福州仍然是中国沿海地区重要的对外贸易港口城市，其中元代泉州的繁荣发达和城市规模达到极盛，为世人瞩目。

宋代，福州出现了一批专业从事海上贸易的商户，他们不但南下东南亚诸国，还频繁驾船北上山东半岛、辽东半岛、朝鲜半岛和日本等地，对外交往十分活跃。

北宋蔡襄在其《荔枝谱》中记载："舟行新罗、日本、琉球、大食之属，莫不爱好，重利以酬之。"

皺厚而瑩膜如桃花紅核似如一作丁香母剝之凝如水精食之消如絳雪其味之至不可得而狀也荔枝以甘爲味雖百千樹莫有同者過甘與淡失味之中唯有一無有字陳紫之於色香味自拔其類此所以爲天下第一也凡荔枝皮膜形色一有類陳紫則已爲中品若夫厚皮尖刺肌理黃色附核而赤食之有查食已而澁雖無酢味自亦下等矣

第三

福州種植一作殖最多延施原野洪塘水西尤其盛處

宋端明殿學士蔡忠惠公文集 卷三十 十五 宋集珍本叢刊

一家之有至於萬株城中越山當州署之北鬱爲林麓暑雨初霽晚日照曜絳囊翠葉鮮明蔽映數里之間焜如星火非名畫之可得而精思之可述觀覽之勝無與爲比初著花時商人計林斷之以立券若後豐寡商人知之不計美惡悉爲紅鹽去聲者水浮陸轉以入京師外至北戎西夏其東南舟行新羅日本琉球一作流求大食之屬莫不愛好重利以酬之故商人販益廣而鄉人種益多一歲之出不知幾千萬億而鄉人得飫食者蓋鮮矣一無矣字以其斷林鬻之也品目至

《荔枝谱》中的相关记载

这一时期进出福州港的贸易船只很多，古诗有云：“海舶千艘浪，潮田万顷秋。”“南来海舶浮云涛，上有游子千金豪。”这正是福州地区商贸繁荣、海舶云集的真实写照。

北宋时期，福建海商常前往日本贸易。宋咸平五年（1002），福建海商周世昌及其商船遇风漂流到日本，受到日本朝廷的关照，驻留七年。在日期间，周世昌曾与日本诗人互相赠诗唱和。回国时，日本人滕木吉与周世昌同船至宋。宋真宗亲自接见滕木吉，还赠送时服、铜钱等物，送其回国。

匣劍欲解懸非良淮山刻作秋來瘦淮水割眼清如霜
謝公何日東南下别浦應尋臨汝郎
送陳師益還建安 時在海門
南來海舶浮雲濤上有游子千金豪閩山左轉七千京本作十里挂席六月天風號俯窺虞淵弄白日彤京本作丹霞下爍波欲焚陽侯嘯淵罔象舞出沒金背一作脊嬉鯨鼇等閒推徙失向背往往三山隨所遣我欲懲京本作衝當作徵幽驗荒忽脫非值子終京本作真徙勞吳牛喘月玉斗搖金井

欽定四庫全書 龍雲集 八

宋朝刘弇《送陈师益还建安》书影

百年之身何報一日之惠染筆拭淚伸紙搖魂不勝慕恩之至謹差上足弟子傳燈大法師位嘉因并大朝剃頭受戒僧祚乾等拜表以聞稱其本國永延二年歲次戊子二月八日實端拱元年也又别啓貢佛經納青木函琥珀青紅白水晶紅黑木槵子念珠各一連並納螺鈿花形平函毛籠一納螺杯二口葛籠一納法螺二口染皮二十枚金銀蒔繪筥一合納髮鬘二頭又一合納參議正四位上藤佐理手書二卷及進奉物數一卷表狀一卷又金銀蒔繪硯一筥一合納金硯一鹿毛筆松煙墨金銅水瓶鐵刀又金銀蒔繪扇筥一合納檜扇二十枚蝙蝠扇二枚螺鈿梳函一對其一納赤木梳二百七十其一納龍骨十橛螺鈿書案一螺鈿書几一金銀蒔繪平筥一合納白細布五匹鹿皮籠一納貂裘一領螺鈿鞍轡一副銅鐵鐙紅絲鞦泥障倭畫屏風一雙石流黃七百斤咸平五年建州海賈周世昌遭風飄至日本凡七年得還與其國人滕木吉至上皆召見之世昌

欽定四庫全書 宋史 卷四百九十一

《宋史》关于建州海商周世昌由日本归国、日本人滕木吉随行来访的相关记载宋天圣四年（1026）秋，福州商人陈文祐由日本归国，翌年（1027），陈文祐又到日本。天圣六年（1028）九月，福州籍台州商人周文裔二度赴日经商，十二月，周文裔上书日本右大臣藤原实资，并赠送土特产品，这些产品包括翠纹花锦、小纹丝锦、大纹白绫、麝香、丁香、沉香、各种信纸等。

日本古文献《小右记》书影

三八

る。しかし、06には廻却時の貨物に関する後一条天皇の下問に対して、「延喜間・近代定雖有廻却宮〔定カ〕不被返貨物」という状況が説明され、「返給貨物之事、々理可状〔然カ〕。唯上古・近代雖有廻〔却脱カ〕之定、猶不返貨物。仮令雖返給却府禁来〔事カ〕不厳歟」とあり、実際には大宰府において交易が実施されることが容認されていた。07にも「文裔等可〔所カ〕進解文、感聖化頻参来之間已如土民者、頗可有哀憐。就中待海安之間暫可経廻云々。若被返貨物定有所思。於貨物被収、可優彼志歟」という意見が示されている。

i『小右記』寛弘二年（一〇〇五）八月二十一日条　↓八月二十四日条で安置が決定

（上略）左大臣・右大臣・左兵衛督申云、宋人定年紀可来由給官符了。而不待彼期早来、若可被追却者、早任彼官符可被追却歟。宋人若有申彼〔待カ〕便風可罷帰之由、随又可有載〔裁カ〕許者、有追却名、自廻一両季、不異安置。若然者偏可被安置歟。件事左府〔府〕定申旨也。（中略）下官以下只季紀被定了、而隔一季帰朝、不可然、早可追却由定申了（左衛門督依宮仁王会事退出、不預此定）。令見左符〔府〕気色、似可被安置。諸卿只申道理。唐物焼亡間悉以失了、殊撰可然之物被交易有何事乎。右大臣以下両三卿相密語也。戌終諸卿退出。

j『小右記』万寿四年（一〇二七）九月十四日条

（上略）大宰府言〔上脱カ〕大宋国福州商陳文祐来朝事、大臣・大中納言・参議等定申云、商客来朝憲法立限。而文祐等去秋帰去、今年秋重来。然則於安置雖年紀未至、存問詞中或感仁化、或訪父母者、暫被優許令遂孝誠、明春〔待脱カ〕巡風可随廻却歟。（下略）

k『帥記』治暦四年（一〇六八）十月二十三日条

日本古文献《小右记》关于福州商人陈文祐行商日本的记载

宋熙宁元年（1068），福州商人潘怀清前往日本贸易，三年（1070），潘怀清再一次赴日并献佛像给大宰府。熙宁五年（1072），日本僧人成寻自肥前国松浦郡（今佐贺县东松浦郡）搭乘唐船入宋求法，该唐船船头有三人，分别是南雄州人曾聚、福州人吴铸和泉州人郑庆。宋神宗接见了前来求法的成寻，并向他询问日本人需要何种中国货物，成寻的回答是香药、茶碗、锦、苏方等。

参天台五臺山記卷第一

【延久四年（宋熙寧五年）三月十五日——六月四日】

参天台五臺山記第一

延久四年三月十五日乙未　寅時，於肥前國松浦郡壁嶋，乘唐人船，一船頭曾聚，字曾三郎。南雄州人，二船頭吳鑄，字吳十郎。福州人，三船頭鄭慶，字鄭三郎。泉州人，三人同心，令乘船也。船頭等皆悅給物，密密相構也〔一〕。志與物〔二〕：米五十斛、絹百疋、褂二重〔三〕、沙金四小兩、上紙百帖、鐵百廷、水銀百八十兩等也。同乘唐船人：賴緣供奉、快宗供奉、聖秀、惟觀、心賢、善久、沙彌長明。不乘船還人：永智、尋源、快尋、良德、一能、翁丸，拭淚離

卷第一　一

《参天台五台山记》关于日本僧人随唐船求法中国的记载

t『朝野群載』卷五延久二年（一〇七〇）十二月七日陣定文

大宰府言上、大宋国福州商客潘懷清参来、可安置否事。内大臣・春宮大夫藤原朝臣・左衛門督源朝臣・右衛門督藤原朝臣・權中納言藤原朝臣・右兵衛督藤原朝臣等定申云、件事大概相同右大弁源朝臣定申。但貨物解文之中、注進仏像并文書等。而若被廻却者、恐存不被用如此仏像・書籍、後来商客永不貢進。仍被免安置、被納方物、何事之有乎。權中納言源朝臣・右大弁源朝臣等定申云、件懷清等、治暦之年雖参来、依相違起請年記、蒙廻却符、去年帰郷已畢。而今年重参来、已似忘朝憲。又副進公憑案文、先例若不進正文歟。大宰府不覆問此由、尤不当也。但如存問日記者、雖被廻却、為慕皇化、遠渡蒼溟、重以参来者。就之言之、誠難侵愆紀之過殆、盍憐大德之遠情乎。況歳及臘月、寒限可畏。仍下知旨趣、被免安置、殊有何難乎。凡商客参来、相定年紀之後、不必依起請之期、有被免安置之時。是奉為公家、無指事妨之故也。抑至于貢進貨物等者、若被安置者、可被検納歟。

日本《朝野群载》关于福州商人潘怀清赴日贸易的相关记载

宋崇宁元年至四年（1102—1105）间，泉州籍海商李充曾两度赴日本博多津从事贸易。在第二次再到日本大宰府时，他上呈宋朝提举两浙路市舶司发行的公凭，请求贸易。这份公凭保存在日本的古代典籍《朝野群载》中。公凭不仅登记了全体船员的姓名、商品的名称及船上的其他器具，还记载了商船出海的一些具体规定，是迄今为止所能看到的最完备的宋代对外贸易凭证，为我们了解宋代市舶制度、进出口货物及福建海船组织提供了资料。

中国帆船による東アジア海域交流（松浦）

1080	承暦四年	閏 8	宋商	孫　忠③	明州よりの牒状
1080	承暦四年	9	宋商	黄　逢	
1080	承暦四年	10	宋商		
1080	承暦四年	9	宋商	劉勝参	
1081	永保元年		宋商	劉　昆①	
1082	永保二年	8	宋商	楊　有	
1082	永保二年	8	宋商	孫　忠①	
1082	永保二年	9	宋商	劉　昆①	
1085	應徳二年	7	宋商		
1085	應徳二年	10	宋商	孫　忠②	
1085	應徳二年	10	宋商	林　皐	
1091	寛治五年	7	宋商	堯　忠	
1091	寛治五年	8	宋商	季居簡	
1092	寛治六年	6	宋商	劉　昆②	契丹経由
1093	寛治七年	4	宋商客	林　通	福州商客
1102	康和四年		宋商客	李　充①	泉州商客
1104	長治元年		宋商客	李　充②	泉州商客
1105	長治二年	8	宋商客	李　充③	泉州商客
1110	天永元年	4	宋商	李　先	
1118	元永元年	2	宋商	陳次明	
1127	大治二年	12	宋商		
1128	大治三年	8	宋商	曾周意	
1133	長承二年	8	宋商	周　新	
1148	久安四年		宋商		
1150	久安六年		宋商	劉文仲①	
1151	仁平元年	9	宋商	劉文仲②	
1169	嘉應元年		宋綱首		文献通考
1179	治承三年	2			新渡・太平御覧
1180	治承四年	10	宋商船		摂津輪田泊に入港
1191	建久二年		宋綱首	楊三綱	栄西帰朝
1218	建保六年		宋綱首	張光安	
1254	建長六年	4			唐船数五艘と定める

出典：森克己「日・宋・麗交通貿易年表」（『新訂日宋貿易の研究』森克己著作選集第 1 巻、国書刊行会、1975年）、528-564頁

上表に見える康和四年（1102）、長治元年（1104）、長治二年（1105）と連続して日本に来航した李充に関して、『朝野群載』巻二十、異国の条に見える「同存問記」によれば、

長治二年八月二十二日、存問大宋國客記

問客云。警固所去二十日解状稱、今日酉時、大宋國船壹艘、到来筑前國那珂郡博多津志賀島前海。……客申云。先來大宋國、泉州人李充也。充去康和四年爲荘厳之人徒、參來貴朝。……[1]

とあるように、泉州の海商李充が日本の博多の志賀島に来航している。彼の最初の来航は康和四年（1102）であり、その時は荘厳の船に搭乗しての日本来航であった。この時の日本への来航時に宋の官憲から給

1）国史大系本『朝野群載』吉川弘文館、1964年、451頁

日本学者松浦章文章中关于宋代泉州商人李充赴日公凭的记载

倭國

倭國在泉之東北今號日本國以其國近日出故名或曰惡舊名改之國方數千里西南至海東北限以大山山外卽毛人國凡五畿七道三島三千七百七十二郷四百一十四驛八十八萬三千餘丁地多山林無良田嗜海錯俗多文身自謂泰伯之後又言上古使至中國皆自稱大夫昔夏少康之子封於會稽斷髮文身以避蛟龍之害今倭人沈沒取魚亦文身以厭水族計其道里在會稽之正東氣暑大類中國王以王爲姓歷七十餘世不易文武皆世官男子衣横幅結束相連不施縫婦人衣如單被穿其中以貫頭一衣率用二三縑皆

諸蕃志卷上　照曠閣

被髮跣足亦有中國典籍如五經白樂天文集之類皆自中國得之土宜五穀而少麥交易用銅錢以乾文大寶爲文有水牛驢羊犀象之屬亦有金銀細絹花布多產杉木羅木長至十四五丈徑四尺餘土人解爲枋板以巨艦搬運至吾泉貿易泉人罕至其國樂有中國高麗二部刀楯弓矢以鐵爲鏃挽射矢不能遠詰其故以其國中不習戰鬬有屋宇父母兄弟卧息異處飲食用俎豆嫁娶不持錢帛死有棺無椁封土爲冢初喪哭泣不食肉已葬舉家入水澡浴以祓不祥舉大事則灼骨

諸蕃志卷上　照曠閣

赵汝适《诸蕃志》关于日本木料运至泉州销售的记载

南宋时期，日本商人常来福建泉州贸易。据《诸蕃志》载，倭国“多产杉木、罗木，长至十四五丈，径四尺余，土人解为枋板，以巨舰搬运至吾泉贸易……”

宋船运往日本的货物主要有锦、绫、香料、瓷器（茶碗）、药材、书籍、文具、铜钱等，再从日本购回金子、砂金、珠子、水银、鹿茸、硫磺、螺头、木材以及手工艺品宝刀、折扇、屏风等。

遠志　茯苓
薑黃　香油
紫菜　螺頭
螺鈿　皮角
翎毛　虎皮
漆（出新羅最宜飾鑞器如金色）　青器
銅器（近年禁不出）　雙瞰刀
蓆　合蕈

日本卽倭國地極東近日所出最宜木率數歲成圍俗善造五色牋錯金爲蘭或爲花中國所不逮也多以寫佛經銅器尤精于中國賈舶乘東北風至褋貨具於左

細色
金子　砂金
珠子　藥珠
水銀　鹿茸
茯苓
麤色
硫黄　螺頭
合蕈　松板（文細密如刷絲而瑩潔最上品也）

〈寶慶六　七〉　煙嶼樓校本

宋代《宝庆四明志》关于日本输入泉州主要商品种类的记载

宋元时期，福建与朝鲜半岛上的高丽王朝交往密切。宋船运往朝鲜半岛的货物主要有乐器、礼服、金银器、瓷器、漆器、浙绢、川锦、沉香、茶、酒、象牙、玳瑁、钱币等，从朝鲜半岛带回的货物主要有良马、兵器、弓矢、人参、硫磺、药材等。文献载高丽国原本不善养蚕抽丝织布，绸制品主要来自中国的山东、福建和浙江，后来获得“北虏匠人”传授技艺，才学会了养蚕织丝。

之熟者積垛而致爾其作煎當自有法也昔中國使至麗館中日供食菜謂之沙參形大而肥美非藥中所宜用

麝香　紅花

茯苓　蠟

麤色

大布　小布

毛絲布 俗種苧麻人多衣布絕品者謂之絁潔白如玉而窘邊幅王與貴人皆衣之至府者乃其麤也

紬 俗本不善蠶桑其絲綫織紝皆仰賈人自山東閩浙來然頗善織花綾有文羅緊絲錦罽後得北虜降卒工技益巧染色又勝於前日紬乃其麤也

寶慶六　六　煙嶼樓校本

松子 松花 松有二種惟五葉者乃結實羅州道亦有之不若廣揚永三州之富方其始生謂之松房狀如木瓜青潤緻密得霜乃拆其實始成而房乃作紫色國俗雖果肴羹胾亦用之不可多食令人嘔吐

栗 大者如桃今至府者皆栗肉小而堅蒸煑乃可食

棗肉　榛子

椎子　杏仁

細辛　山茱萸

白附子　蕪荑 按曰原脫上二種據敬止錄補

甘草　防風

牛膝　白朮

宋代《宝庆四明志》关于北宋年间高丽从福建购入绸织品的记载

当时福建制瓷业十分发达，从沿海到内地处处都有瓷窑，因此出口海外的商品除丝绸之外，陶瓷器外销数量也极为可观。宋人朱彧《萍洲可谈》载："舶船深阔各数十丈，商人分占贮货，人得数尺许，下以贮物，夜卧其上。货多陶器，大小相套，无少隙地。"20 世纪七八十年代在韩国新安海底沉船里打捞上来的大批陶瓷器中，就有建窑等产品，而且是典型的建窑盏（兔毫天目）。可见当时福建与朝鲜半岛贸易的兴盛情形。

建窑兔毫盏

据《高丽史》记载，宋朝前往高丽经商的以泉州商人为多。从 1015 年至 1090 年，到朝鲜半岛贸易的宋朝商船队有 27 批，其中泉州商人就有 16 批，超过一半。据史料记载，1055 年二月寒食节，高丽国王于迎宾馆宴请泉州海商黄真等 105 人。

府不過月一押簿縻而不預其收支之事其本務
抽到物貨如細色盡行起發如粗貨及板木則存
本五分充綱腳縻費未免開有贏餘以起上下覬
望前乎此廉者貲以為餽送之資不廉者則為席
卷之計實為弊事要當更革所合具申朝廷欲乞
劄下本府令守倅常切同共點檢收支簿書文縻
遇有出納收支並具稟長官判押方許施行庶幾
稍革弊源免累倅貳既塞侵漁之害稍裕公上之
供其抽解分數只證遞年例十五分抽一綱首雜
事十九分抽一以為招誘商舶之計其海南船及
諸蕃船自證年例抽解伏望特賜劄下以憑遵守
施行寶慶二年尚書省劄付慶元府從所申事理
施行 準此
高句麗國在唐及五代皆有傳本扶餘別種以高為氏
今其王曰王氏王氏之先曰建高麗大族也高氏政
衰國人以建賢共立為君長後唐長興三年稱知國

寶慶六 三 煙嶼樓校本

事請命于明宗乃拜建元菟州都督充大義軍使封
高麗王建卒子武立武卒子昭立皇朝建隆三年遣
使來朝錫以功臣之號仍加食邑開寶九年昭卒子
伷立遣使請命復錫舊封自是世襲每請封爵修職
貢或臣于契丹則職貢缺大中祥符七年王詢大破
契丹請正朔于皇朝朝議難之止賜封大抵來不拒
去不追間遣使加恩不以為中國重輕也熙寧二年
前福建路轉運使羅拯言據泉州人黄眞本名犯孝宗廟諱
[illegible]狀嘗以商至高麗高麗舍之禮賓省見其情意
欣慕聖化兼云祖禰以來貢奉朝廷天聖遣使之後

宋代《宝庆四明志》关于泉州商人黄真赴高丽经商的记载

当时高丽商人来泉州经商的也很多。据宋代《建炎以来系年要录》载，绍兴四年（1134），“高丽罗州岛人光金与其徒十余人泛海诣泉州”。宋人赵彦卫《云麓漫抄》在描述福建市舶司的情况时说：“高丽国则有人参、铜、银、水银、绫布等。大抵诸国产香略同。以上舶船候南风则回，惟高丽北风方回。”

敢言之義庶幾上下交儆紀綱克振矣　大理寺丞韓
仲通請武臣之有戰功者陞朝之後帶勲階以示旌別
吏部立法仲通龔縣人也明年二月丁酉立法　高麗羅州島人
光金與其徒十餘人泛海詣泉州風折其檣泊泰楚州
境上詔付沿海制置使郭仲荀養贍伺便舟還之據光金所供以四月三日自毛羅島起舟當日遇風至二十八日吹到淮南地分今附降旨之日　是日龍
圖閣學士樞密都承旨章誼給事中孫近使金國還入
見初誼等至雲中與左副元帥宗維右監軍希尹論事
欽定四庫全書　建炎以來繫年要録　卷七十八　十六
不少屈熊克小歷云誼至金庭與其左右副元帥尼瑪哈烏舍論事不屈按此時烏舍方為右副元帥[illegible]爾混為右監軍克小誤也　金人諭令亟還誼等曰萬里啣命兼迎
兩宮必須得請乃令金吾衛上將軍蕭慶受書初誼等
之行論李永壽所需三事金人互有可否獨畫疆一事
未定而宗維荅書又約以淮南毋得屯駐軍馬王繪紹興甲寅通和録載接伴李聿興問淮南已交與大齊後來江南擅自占據魏良臣等荅云前此丞相恵書止云淮南不得屯駐兵馬繪所云丞相即尼瑪哈今擬取附見　蓋欲畫疆以益劉豫也誼等還
至睢陽為豫所留以計得免上嘉勞久之

《建炎以来系年要录》关于高丽罗州岛人光金与其徒十余人泛海诣泉州的记载

臘亦名眞里富三泊緑洋登流眉西棚羅斛蒲甘國則
有金顔香等　渤泥國則有腦版　闍婆國多藥物　占
城目麗木力千賓達儂胡麻巴洞新洲國則有夾煎
佛囉安朋豐達囉啼達磨國則有木香　波斯蘭麻逸
三嶼蒲哩嚊白蒲邇國則有吉貝布吉貝紗高麗國則
有人參銅銀水銀綾布等大抵諸國產香畧同以上舶
船候南風則回惟高麗北風方回凡乳香有揀香餅香分三等袋香分三等榻香黑榻水濕黑榻纏末如上諸國多
欽定四庫全書　雲麓漫抄　卷五　廿
不見史傳惟市舶司有之
荊門軍圖經關將軍廟在當陽縣玉水山紹興初潭州
人有得其印於水者二十有三年寺僧法源白於高使
君得公牒之潭取之歸於寺其文為壽亭侯印四字方
廣一寸有半其上有穿穿有環廣如其印又其上並二
環各廣七分加其半以為之長色皆刚瑩異常銅環古
所以佩也三十有二年艮齋謝先生自夷陵考試回嘗
見之荊門太守王公録云余幼時侍先公為湖南提舉

《云麓漫抄》关于高丽商人带人参等商品来泉州贸易的记载

高麗史卷三十三　五百十四

使祥爲臨海軍觀察使玖爲漢南軍觀察使賛爲順正軍觀察使軒爲延平軍觀察使珩爲始興軍觀察使璹爲定山軍觀察使廉爲寧海軍觀察使侊爲江陰軍觀察使溫爲晉江軍觀察使琪爲保寧軍觀察使許慶爲漢陽軍觀察使千牛衞上將軍　甲辰公主遣徹里如元　乙巳王以安平公主小祥幸神孝寺行香丙午詣德慈宮　王使人請公主留徹里不聽　壬子都僉議參理柳陞卒　乙卯王與公主受戒于蕃僧　罷營新宮　敎自今百寮凡大小公事並除狀申從宰樞商議處決然後以聞　六月丙辰朔太上王及國王公主受戒于蕃僧　徹里還自元　丁巳元遣右丞阿里灰洪重喜中書左丞楊炎龍來凡乘傳者百餘騎趙仁規遂與元卿往毀察司收新定官制　戊午王朝德慈宮宥二罪已下　己未復遣徹里如元　僉議中贊鄭可臣卒　癸亥復徵承旨房以前承旨張碩洪詵金昇爲之　甲子楊炎龍封生成庫乃王府珍寶所藏也　乙丑王朝德慈宮　馬八國王子孛哈里遣使來獻銀絲帽金繡手箔沉香五斤十三兩土布二匹先是王以蔡仁揆女歸丞相桑哥桑哥誅帝以蔡

氏賜孛哈里孛哈里與其國王有隙奔于元居泉州至是以蔡氏故遣使通之　戊辰太后遣僉樞密院事洪君祥及帖木兒不花來　壬申幸壽寧宮飯蕃僧祓呪咀　甲戌王朝德慈宮　乙亥王受菩薩戒　王與公主奉太上王宴元使于壽寧宮　丁丑楊炎龍還王餞于宣義門外　癸未王與公主以安平公主誕日奉太上王宴于壽寧宮　甲申以天變歷見放輕繫減重罪一等　七月丁亥王與公主朝德慈宮　徹里還自元帝命國王公主以八月入朝　辛卯洪君祥享王于內　壬辰王朝德慈宮翌日偕公主又朝洪君祥設宴　戊戌復改官制以洪子藩爲三重大匡僉議中贊判銓曹事印侯爲重大匡僉議侍郎贊成事判兵曹監察司事金琿爲僉議侍郞贊成事判民曹事韓希愈守司空中京留守開城府尹商議都僉議會議都監事車信爲僉議贊成事判儀曹事金之淑爲僉議參理判工曹事安珦爲僉議參理修文殿大學士監修國史李之氐爲資政院使知都僉議事崔有渰判三司事李混爲密直司使銓曹判書集賢殿大學士修國史鄭瑎知密直司事兵曹判書寶文閣大學士柳庇

高麗史卷三十三　五百十五

知密直司事左常侍閔漬同知密直司事監察大夫詞林學士承旨元翊同知資政院事民曹判書元卿同知密直司事工曹判書金賆同知資政院事儀曹判書同修國史許評同知密直司事判奉常寺事吳仁永爲密直副使判衞尉寺事閔宗儒爲密直副使刑曹判書尹珤爲密直副使成均大司成修文殿學士劉福和爲密直副使判禮賓寺事薛景成爲資政院副使判大僕寺事金富允爲資政院副使判司憲寺事省衆上護軍崔晶爲資政院副使右常侍詞林學士承旨張碩爲資政院副使中京留守判外府寺事集賢殿學士柳椅爲資政院副使判內府寺事朴全之爲三司左使詞林學士承旨吳漢卿爲三司右使詞林學士洪詵爲密直司知申事兵曹判書知銓曹事洪子翰知監察司事金昇爲左副承旨判秘書寺事寶文閣直學士李承休判秘書寺事崇文館學士金恂爲右承旨成均祭酒寶文閣學士知民曹事李瑱爲左承旨秘書尹知兵曹事詞林學士權永爲密直司右副承旨禮賓尹知工曹事詞林侍讀學士　己亥王與公主幸神孝寺設盂蘭盆齋　癸卯洪君祥還　乙巳幸三大藏所

命寫五大部經　丙午王與公主幸安國寺觀水戲　庚戌王與公主朝德慈宮　癸丑王朝德慈宮　八月乙卯朔遣知密直司事鄭瑎行省亦遣石抹也先帖木兒如元賀聖節　庚申太上王移御將軍崔仲卿家　甲子元遣孛魯兀等來趣王及公主入朝　以柳庇判密直司事朴全之爲密直副使中京留守金恂爲三司左使許評同知資政院事劉福和爲密直副使李承休爲密直副使監察大夫詞林學士承旨仍令致仕　戊辰追尊安平公主爲仁明太后　辛未王與公主如元宥二罪已下　壬申太上王餞于金郊酒酣使臣孛魯兀以帝命取國王印授逸壽王於是太上王復位王如元宿衞凡十年武宗仁宗龍潛與王同臥起晝夜不相離忠烈王三十三年皇姪愛育黎拔力八達太子及右丞相荅刺罕院使別不花與王定策迎立懷寧王海山左丞相阿忽台平章八都馬辛等謀奉安西王阿難達爲亂太子知其謀先一日執阿忽台等使大王都刺院使別不花及王按誅之五月皇姪懷寧王即皇帝位是爲武宗　三十四年五月戊寅元以定策功封瀋陽王制曰咨爾推忠揆義協謀佐運功

《高丽史》关于定居泉州的印度马八儿国王子与高丽通商的记载

宋朝和高丽还通过福建商人转达双方修好意旨与进行文化交流的愿望。如熙宁二年（1069），宋朝为了恢复与高丽的邦交关系，命福建转运司募泉州商人黄真、付旋等人，“至彼国，达朝廷之意”。熙宁三年（1070），高丽国王上表，请求医药、画塑人员。宋朝廷令福建转运使罗拯，代向福建招募。熙宁八年（1075），“罗拯言：泉州商人付旋持高丽礼宾省帖，乞借乐艺等人”。高丽还通过泉州商人雕造经板，运往本国。据《诸蕃志》记载，新罗（即高丽）“商舶用五色缬绢及建本文字博易”。

这里值得注意的是“建本文字”，体现了福建文化产品向朝鲜半岛的输入。宋代建安府的建阳（今福建省南平市建阳区）是版刻中心，以朱熹为首的闽学派论著通过建阳麻沙镇刻印而畅销天下，所谓“建本文字”就是指来自建安的印刷品。闽学正是随着“建本文字”传到高丽等地。

输往日本、高丽市场的宋代织锦珍品

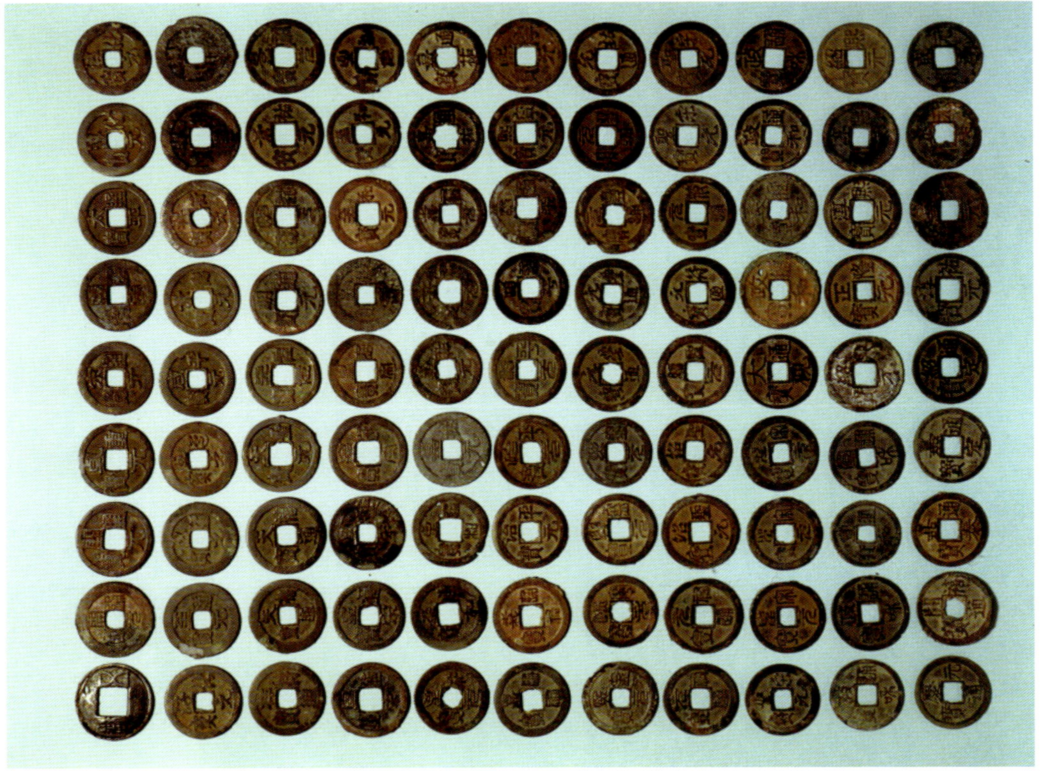

输往日本的大量宋钱

概而言之，宋代福建输往日本、朝鲜半岛的主要货物有纺织用品、瓷器、药材、香料、书籍，以及各种生活用品和文化用品，甚至中国的钱币也大量地输往日本等地。宋代福建商人与日本、朝鲜半岛的商贸往来促进了东北亚地区经济文化的发展和交流。

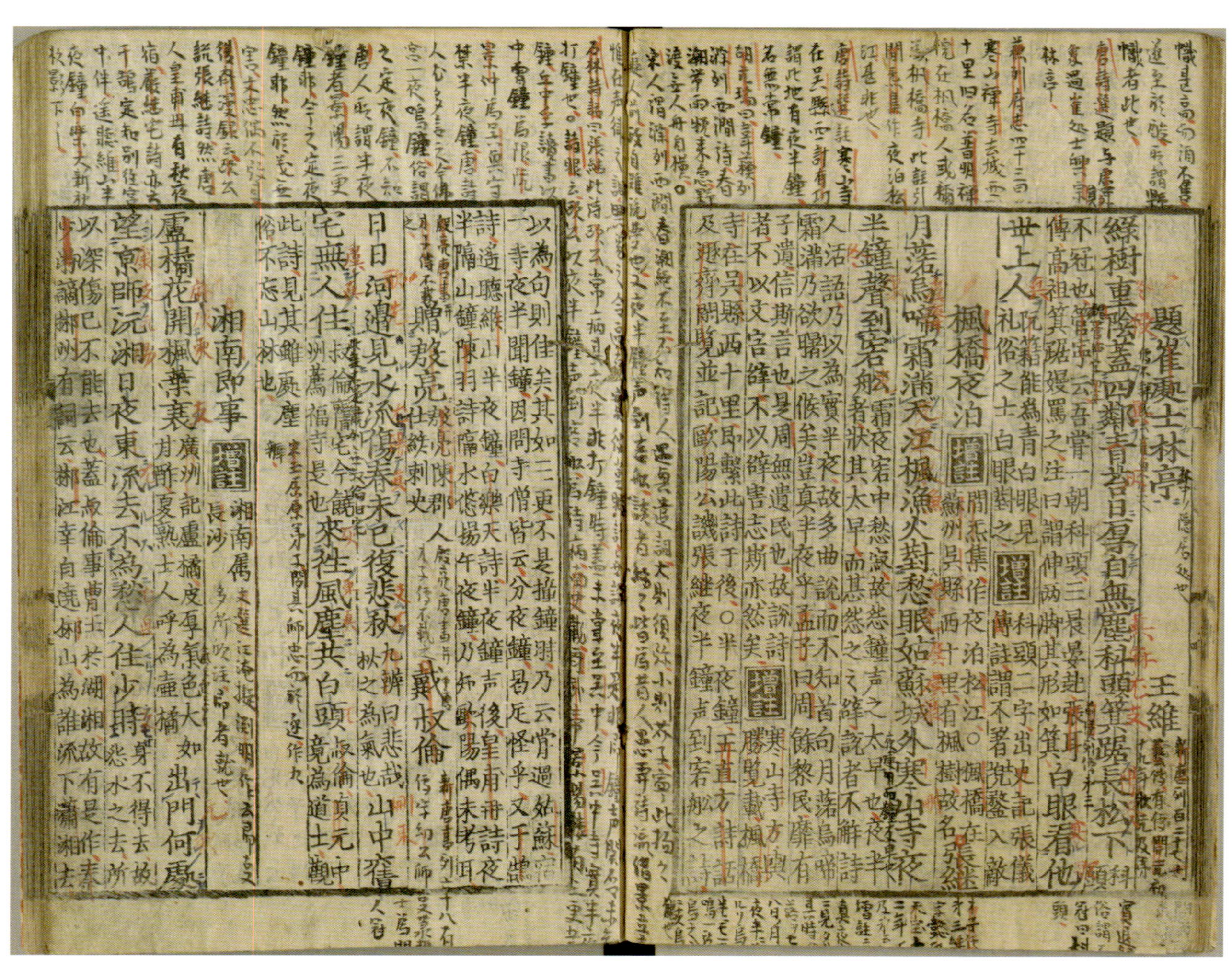
題崔處士林亭　王維

綠樹重陰蓋四鄰，青苔日厚自無塵。科頭箕踞長松下，白眼看他世上人。

楓橋夜泊

月落烏啼霜滿天，江楓漁火對愁眠。姑蘇城外寒山寺，夜半鐘聲到客船。

贈殷亮　戴叔倫

日日河邊見水流，傷春未已復悲秋。山中舊宅無人住，來往風塵共白頭。

湘南即事

盧橘花開楓葉衰，出門何處望京師。沅湘日夜東流去，不為愁人住少時。

日本购进的宋代书籍书影

二、危樯巨舶昼纵横

明清时期，中央朝廷皆实施过“海禁”政策，但都没能最终扼制福建海上贸易经济的发展。福建商人从明初官方朝贡贸易的附属海商发展到明中叶的自由商人，再到明末以降的海上集团，他们的努力使福建海上丝绸之路发展进入鼎盛时期。福建海商的活动范围不仅遍及闽台两地，而且东至日本，西到缅甸，北起辽东半岛，南至小巽他群岛，他们在此范围中建立了广泛的商业网络，成为明清时期中国海上丝绸之路的主要力量。这其中，与福建一衣带水的日本，成为福建商人集聚和开展商贸活动的重要据点之一。

元末明初，日本正值镰仓幕府末期与南北朝对峙时期，国内战乱不断，导致九州西海岸地区许多为生计所迫的武士及农民武装集团以对马、壹岐、五岛等岛屿为跳板，劫掠侵扰中国沿海及朝鲜半岛，掠夺财富，抢掳人口，史称“倭乱”。包括福建在内的中国沿海地区的社会经济和秩序受到严重骚扰和破坏。

《倭寇图鉴》，日本东京大学史料编纂所藏

骚扰中国沿海和朝鲜半岛的倭寇及倭船图

闽浙沿海水师抗倭图

籌海圖編卷之四

倭寇擁衆而來動以千萬計非能自至也由福建內地奸人接濟之也濟以米水然後敢久延濟以貨物然後敢貿易濟以嚮導然後敢深入海洋之有接濟猶北虜之有奸細也奸細除而後北虜可驅接濟嚴而後倭夷可靖所以稽察之者其在沿海寨司之官乎稽察之說有二其一曰稽其船式蓋

國朝明禁寸板不許下海法固嚴矣然濱海之民以海爲生採捕魚蝦有不得禁者則易以混焉要之雙桅尖底始可通番各官司於採捕之船定以平底單桅別以計號違者燬之照例問擬則船有定式而接濟無所施矣其二曰稽其裝載蓋有船雖小亦分載出海合之以通番者各官司嚴加盤詰如果是採捕之船則計其合帶米水之外有無違禁器物乎其回也魚蝦之外有無販載番貨乎有之即照例問擬則載有定限而接濟無所容矣此須海道官嚴行設法如某寨責成某官某地責成某哨某處定以某號某澳束以某甲如此而謂通番之不可禁吾未之信也

一倭人至福建乃福人買舟至海外貼造重底往而載之舟師皆犯重罪之人也若至沙板雙嶼等處訪之則某家船將至未至及至某澳自有人說而知之一處貨到各處無不知者

一漳潮乃濱海之地廣福人以四方客貨預藏於民家倭至售之倭人但有銀置買不似西洋人載貨而來換貨而去也故中國欲知倭寇消息但令人往南澳

《筹海图编》关于明初福建漳泉之民通倭的记载

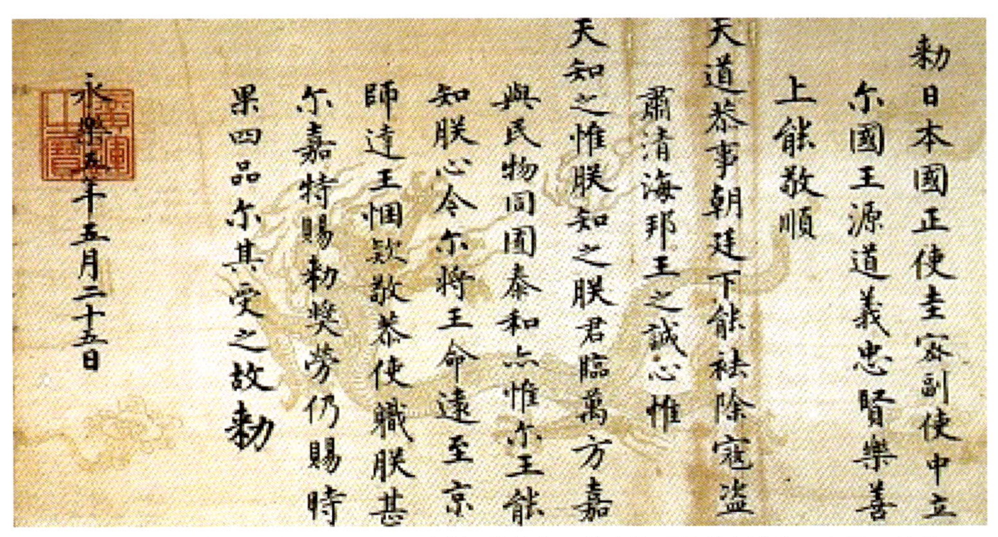
勅日本國正使圭密副使中立
尓國王源道義忠賢樂善
上能敬順
天道恭事朝廷下能祛除寇盜
肅清海邦王之誠心惟
天知之惟朕知之朕君臨萬方嘉
與民物同囿泰和亦惟尓王能
知朕心今尓將王命遠至京
師達王悃款恭使職朕甚
尓嘉特賜勅奬勞仍賜時
果四品尓其受之故勅
永樂五年五月二十五日

明永乐五年（1407），明成祖册封室町幕府将军足利义满为日本国王敕书

明永乐年间，中国朝廷一度与日本室町幕府足利氏掌控的武士政权建立宗藩关系，双方开展了一百多年的朝贡勘合贸易。勘合贸易在一定程度上抑制了倭寇的侵扰活动。

明廷赐予足利义满的日本国王印，日本山口县毛利博物馆藏

足利义满像

日本前期遣明船复原模型图

日本后期遣明船图，日本真正极乐寺真如堂藏

这一时期的中日贸易，以中国向日本输出铜钱、生丝、棉丝、绸缎、陶瓷、香料和佛教书籍，从日本购入铜、硫磺、金、刀剑、漆器及其泥金画等贸易商品为主要特征。

怡齋策彥禪師像讚
師日本高僧也奉使
中華寓于明州有威儀文學予
幸辱知於
師其徒三英藏主偶出
師小影視予予為之贊曰
姿温如璋領珠內藏儒巾釋裳
踟躕肅莊琅函時張道心清涼
容止可望蘊蓄難量筆翰琳琅
詩風曰唐奉表
天王時趾賓堂明聲震揚
宸寵輝光壯覽勝方倦休扶桑
身升顯康壽曰無疆
大明嘉靖二十年歲次赤奮若
瑞月望後四明南溟柯雨窗書

日本遣明使、名僧策彥周良像

明成化年间（1465—1487），福建按察副使辛访奉命巡视海道，发现“濒海大姓私造海舰，岁出诸番市易”。同为副使的何乔新在吟咏福建的诗中写道：“危樯巨舶昼纵横，海上时闻鼓角鸣。”这些都显示了明中叶以前福建海上私人走私贸易发达的一面。这一时期的走私贸易集中在漳泉沿海地区，进出口市场以东南亚诸国及琉球等地为主。

《明世宗实录》、茅瑞征的《皇明象胥录》以及董应举的《崇相集》都记载了明中期漳泉商人大量赴日贸易漂流朝鲜半岛并被护送回国的历史事实。

狛犬纽糸印，幕府管理在日闽浙船商丝绸交易时的特许公章

狛犬纽糸印的特别印影例

錄一　藏板

嗣冊封始遣使外夷
上特令詔諭因著令甲明年脩撰龔用卿等使朝
鮮還請凡事關禮制一體諭知即令陪臣賫示報
可十八年表賀上　廟號尊謚及
睿宗祔廟明堂禮成御奉天門延見使者二十三
年朝鮮民洪贇等航海漂入通州海門界傳詣
京師給衣糧護歸明年漳州民李王乞等通番漂
朝鮮送遼東都司權國事世子峼以王懌訃來告
峼嗣未踰年卒立其弟峘二十六年峘獲福清通
番人馮淑等并貨物解遼東咨稱閩人向無汎本
國者頃前後獲千人皆市易日本闌出火藥軍器
恐起兵端
上令查勘海道　賜峘金幣旌忠順三十一年峘
以　國初所賜樂器敝壞奏求律管仍乞遣官赴
京肄習以遵朝制三十六年大内災峘上表奉慰
三十八年倭犯朝鮮擊之盡殪因賀冬至奏聞并
歸所掠奬賜有差明年賀使至遼直虜傷從官一
詔自今朝鮮貢使並迎護出境隆慶元年表賀

象胥　卷二　朝鮮　十三　芝園

《皇明象胥录》关于明嘉靖二十六年（1547）漳泉商人赴日贸易漂流朝鲜半岛并被护送回国的记载

嘉靖倭亂備抄　自二十三年起

嘉靖二十三年八月日本國先于十八年入貢至是
使釋壽光復來禮部言日本例十年一貢今未及期
且無表文宜令阻回　十二月漳州人李王乞等通
番漂至朝鮮朝鮮王李懌械送三十九人于遼東都
司
二十五年二月朝鮮署國事李峘遣使南洗健朴菁
解送通番人顏容等六百一十三人皆漳泉人也
二十六年三月朝鮮國王李峘遣人解送福建下海
通番奸民三百四十一人咨稱福建人民故無泛海
至本國者頃自李王乞等始以往日本市易為風所
漂今又獲馮淑等前後共千人以上皆挾帶軍器貨
物前此倭奴未有火炮今頗有之蓋此輩闌出之故
恐起兵端貽患本國遼東都司具報禮部議聞　六
月[illegible]按[illegible]言浙江寧紹台溫皆枕山瀕海連延
福建福興泉漳諸郡時有倭患沿海雖設衛所城池
[illegible]使備倭都司督兵捍禦但海寇
出沒無常而首尾不相統屬制禦之法終難畫一
禁加拒絕則航海重譯之勞可憫若
[illegible]之事可鑒宜令帆[illegible]十八
人赴京餘者留嘉賓館量加犒賞省
市防守事宜俱聽斟酌處置　七月
事寧回京　六月二十七日海賊[illegible]
等[illegible]拒傷官軍　七月二十八日仍
署印副使張[illegible]率兵擊敗之至是都
因巡諭兵備僉事翁學淵把總指揮
月賞巡視海道都御史朱紈銀幣初
[illegible]引番[illegible]漂掠二月中紈客檄福
盧鏜等以輕舟直趨溫州海門衛伺
擊敗之賊遁入島捷聞　十二月福
流劫至南直隸界蘇松兵備副使魏
署印同知[illegible]等集兵捕之擒斬
詔[illegible]貴賞幣
二十八年七月初巡視浙福右副都
[illegible]
[illegible]

嘉靖倭亂備抄

《明世宗实录》关于明嘉靖二十六年（1547）漳泉商人赴日贸易漂流朝鲜半岛并被护送回国的记载

福州市长乐区象屿村渡口遗址，明中叶有船商自此赴日贸易

明代长乐象屿村海商王厚老宅

随着东南沿海商品经济的发展，以及闽粤沿海人民出海贸易需求的不断高涨，明隆庆元年（1567），朝廷终于批准了福建巡抚涂泽民关于有限制开放“海禁”的奏请。“海禁”开放后，福建沿海的私人海上贸易再一次兴起并迅速发展，福建与东北亚各国的海上交往日趋频繁。这一时期，中国船、琉球船、南蛮船、吕宋船不断往来日本九州南部的坊津、山川等港口。

明万历二十四年（1596），被誉为近世日本朱子学第一人的藤原惺窝（德川家康、林罗山等人的老师）为前往中国学习新儒学，来到鹿儿岛的内之浦港，以便搭乘中国或西人商船赴华，由于气候原因，最终未能成行。不过，他在内之浦港期间，曾与中国船主有过接触，了解了中国一些情况。据该船主声称，他为泉州籍商人，从吕宋来日，自称儿子在吕宋经商，是当地华商首领。这些情况被藤原惺窝记录在他的日记《南航日记残简》当中。这反映闽南商人很早就在中国沿海、东南亚与日本三地之间开展繁忙的多角贸易。

藤原惺窝像，日本东京国立博物馆藏

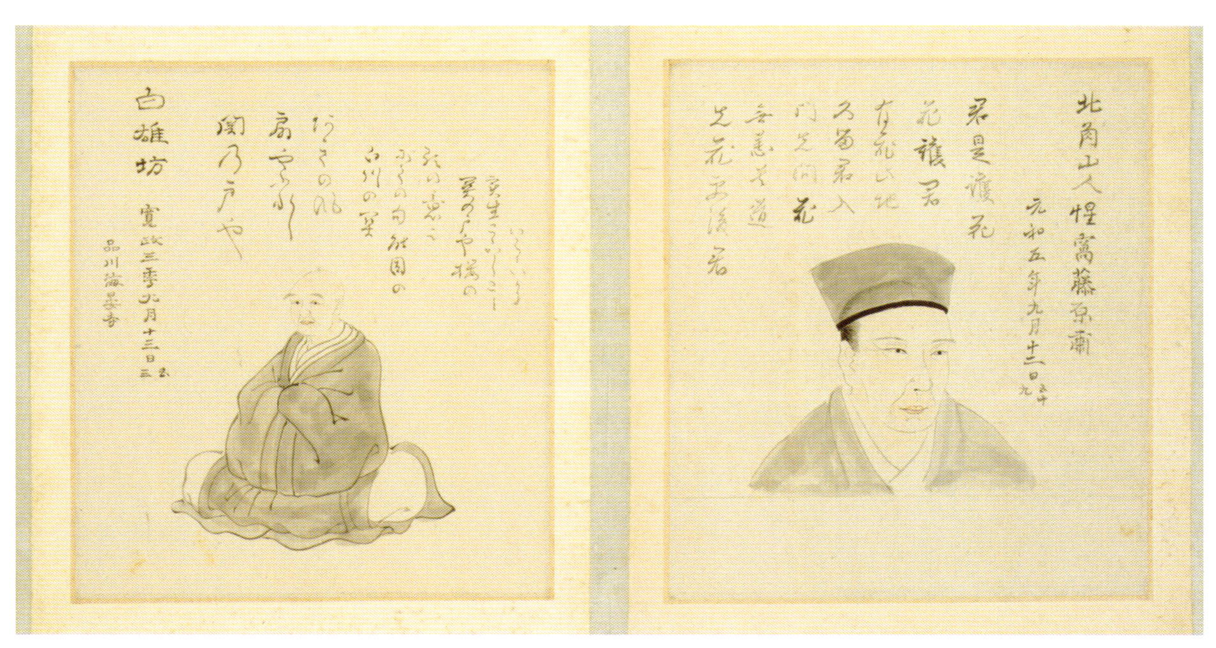

《南航日记残简》书影

明万历年间日本藩主毛利氏发给福建晋江蔡姓海商准许贸易的旗号

明中叶以后，西方殖民者东来，侵占了南亚、东南亚的主要港口，福建海商的贸易船只逐渐从印度洋海域转向马六甲海峡以东的海域，此时，日本社会经济有了很大发展，金矿、银矿得到大量开采，贵族和上层武士皆以拥有中国商品为荣。日本市场对中国手工业产品的巨大需求，吸引了大批福建商人贩货日本，扩大市场，行商吕宋、日本和中国沿海地区成为这一时期闽商贸易往来的主要特征。

明万历三十七年（1609），“福清人林清与长乐船户王厚商造钓槽大船，请郑松、王一为把舵；郑七、林成为水手；金士山、黄承灿为银匠；李明，习海道者也，为之向导；陈华，谙倭语者也，为之通事”。该商船由长乐启航，前往日本贸易。

林太卿所题写的日本长崎崇福寺第一峰门内侧匾额

1609 年，福清海商船主林太卿东渡到鹿儿岛，在当地娶妻生子，1619 年全家移居长崎。长崎崇福寺第一峰门内侧匾额就是林太卿所题。匾额内容是“海天华境　国朝永固万姓安宁　七十三叟林太卿书”。该匾额为长崎省级文物。林太卿之子林守壂（日本名：林仁兵卫）任职唐通事，是活跃于长崎日中贸易的重要人物之一。

明崇祯元年（1628），另一位福清海商何高材迁居长崎，娶日女为妻，生有二子。其中，长子何兆晋（日本名为何红右卫门，是力邀隐元东渡弘法的主要人物之一）于清顺治十五年（1658）出任唐小通事一职，父子二人通过经营中日贸易积累了不少财富。他们向长崎诸多寺庙捐赠银两，留下很多记录，其中最著名的就是父子捐建长崎清水寺本堂。该堂主体框架为日式风格，堂内细部构件则聘请福建匠人以中式风格打造。该堂建筑主体现被日本政府列为国家级重要文物加以保护。

日本长崎清水寺本堂

日本长崎清水寺本堂内景

日本长崎清水寺本堂匾额，木庵性瑫墨宝，日本国家级重要文物

日本长崎清水寺灯笼石，原为码头系船石柱，福建商人何高材捐奉

日本长崎崇福寺梵钟，福建商人何高材、魏之琰等捐资铸造

此后因经商而滞留、移居日本的闽人逐渐增多，中国文献对此多有记载。清初文人王胜时曾评价明代福建海商："闻往时闽中巨室，皆擅海舶之利，西至欧罗巴，东至日本之吕宋、长岐，每一舶至，则钱货充牣。先朝禁通日本，然东之利倍蓰于西，海舶出海时，先向西洋行，行既远，乃复折而入东洋。嗜利走死，习以为常，以是富甲天下。"

布帛之屬閩不畜蠶不植木棉布帛皆自吳越至泉人自織絲玄光若鏡先朝士大夫恒貴尚之商賈貿絲者大都為海航互市其肆中所列若哆囉呢嗶嘰琐袱之類皆自海舶至者也番布橫廣其堅韌遠不及吳產也葛亦不如粵以蕉雜之益脆不任用矣芓諸郡有之邵武將樂永春者佳錢幣之屬建延泉民間皆用古錢俗名老錢泉人所用崇寧通寶一當五其曰番錢者則銀也來自海舶上有文如城堞或有若鳥獸人物形者泉漳通用之聞往時閩中巨室皆擅海舶之利西至歐羅巴東至日本之呂宋長崎每一舶至則錢貨充牣先朝禁通日本然東之利倍蓰於西海舶出海時先向西洋行行既遠乃復折而入東洋嗜利走死習以為常以是富甲天下自海禁嚴而閩窮矣玉石之屬水晶出清漳山中五色畢具黼中有石類端州可硯三山之壽山石類青田刻篆勝於汀石將樂石纍纍作鳥獸形土人常以餉客嘗見有紺紫色者器用之屬德化陶器純素繳類定州其質厚重不及浮梁或作仙佛像令浮梁陶反效之矣楮延建諸郡山中皆造之粗者以叢細者以竹其用廣順昌將樂特著草木之屬茶出建州武夷山者宋時貴尚之爵為龍團以賜大臣者是也先朝貢御稀而仕閩者尚以名徵取不止山中黃冠苦之閩俗茗飲卻新嗜陳將無龍團遺意歟一種葉大不中飲亦曰茶秋花落實採之作油可食可燃尤宜澤髮此與茗茶同名異用者矣蘭閩山皆有之名品以百十計花莖俱白夏秋再花其春花者為春蘭一莖一花香特甚然則一莖數花者疑皆蕙草也其曰樹蘭曰珠蘭者非蘭也以其香同亦蘭之矣茉莉在閩香過於蘭及其度嶺蘭香遂為百卉冠亦去鄉而貴之徵也佛桑花備五色土人艷其殷紅者故亦曰扶桑島竹有甘苦二種其筍暍以行遠其籜亦市之筍生無時秋冬遲久乃長非若他方春萌旬日齊本也建延閩

清代王胜时《漫游纪略》对福建私商贩海日本、吕宋等地的相关记载

日本长崎稻佐国际墓地的华人墓群

日本长崎稻佐国际墓地中的同安籍死者墓地

明清鼎革之际，许多移居日本长崎的福建人在异国他乡过世，当地亲人或华人华侨将他们集中安葬在长崎港西面稻佐山的悟真寺旁，这其中以来自福清、长乐、福州和闽南的福建籍死者为主。悟真寺由日僧圣誉玄故创建于1598年。建设之初，漳州籍商人欧华宇和张吉泉曾捐赠大量资金，两人后裔和当时的华商一起将该寺认作自己唯一的“菩提寺”，供奉死于此地的先人或同乡，直至长崎三福寺的出现。

日本长崎稻佐国际墓地中的福州籍死者墓地

日本长崎稻佐国际墓地中的闽籍死者墓地

日本长崎稻佐国际墓地中的福清籍死者墓地

三、高丽国的闽籍官员

古代福建商船北行可通江浙、山东、辽东乃至朝鲜半岛和日本列岛，南下可经南海远赴东南亚诸国。福建人正是利用这个交通地理优势，与朝鲜半岛建立了密切的友好往来关系。宋代就有福建人在中国与高丽王朝的互动中扮演着举足轻重的角色。

宋熙宁年间（1068—1077），高丽王朝向北宋称臣入贡，曾申请经由福建泉州路入境，朝廷议定要求改道明州（今浙江省宁波市）、润州（治今江苏省镇江市）入境。

久違述職便欲遣人與眞同至恐非儀例未敢發遣
兼得禮賓省文字具在乞詳酌行時拯已除發運使
詔拯諭眞許之高麗欲因眞由泉州路入貢詔就明
潤州發來自是王徽王運王熙修職貢尤謹朝廷遣
使亦密往來率道于明來乘南風去乘北風風便不
踰五日即抵岸明州始困供頓元祐二年高麗僧義
天至明州上疏乞偏歷叢林傳法受道有詔朝奉郎
楊傑館伴所至吳中諸刹迎餞如王臣禮惟金山僧
了元牀坐受其大展謂楊曰義天亦貴國僧爾叢林
規繩不可易朝廷聞之以了元知大體蘇文忠軾有

寶慶六　四　煙嶼樓校本

送楊傑詩云三韓王子西求法（韓有三種曰馬韓曰辰韓曰弁韓皆高麗也義天自謂棄王位出家）鑿齒彌天兩勍敵過江風急浪如山寄
語舟人好看客政和七年郡人樓异除知隨州陛辭
建議于明置高麗司曰來遠局創二巨航百畫舫以
應辦三韓歲使且請墾州之廣德湖爲田收歲租以
足用既對改知明州復請移溫之船場于明以便工
役搬高麗使行館今之寶奎精舍即其地也金國既
盛高麗使行金正朔紹興三十二年綱首徐德榮至
明州言本國欲遣賀使有旨令守臣韓仲通許之殿
中侍御史吳芾言高麗與金人接壤爲其所役紹興

宋代《宝庆四明志》关于高丽国申请从福建泉州路登陆入贡的记载

皇考姓鄭氏諱强字南美福州候官人崇寧五年甲科
擢第初授湖州司法改越州教授次南康軍司法改徐
州教授搢紳以才學薦于朝權國子小學博士繼權國
子學錄兼高麗學錄次授睦州兵曹改吉州教授未上
緣任高麗學官特改京秩充江東學司屬官任滿攝鄂
州江夏縣事次知袁州萍鄉縣事諸司以課最薦除廣
東提舉常平建炎二年建寇大擾以漕檄攝南劍州事
賊平知汀州次知建州因丐宮祠主管台州崇道觀秩
滿知邵州自歷任以來用年勞賞典累遷左朝請大夫
紹興癸亥三月晦日傾逝享年六十有三以其年十月
十三日丙申葬于懷安縣桐口山之原奉先志也謹泣
血紀其歲月藏諸幽壙男 孝應、孝忠 謹誌

郑强墓志铭

衛錄事尋權直翰林院驟遷寶文閣待制時
王頗好樂妓玲瓏過雲以善歌屢承恩賚國
學生高孝冲作感二女詩諷之中書舍人鄭
克永以白王王不悅會孝冲赴舉王命黜之
遂下獄宗旦上書營救乃釋之宗旦性聰敏
博學能文斐斐自喜兼通雜藝頗進厭勝之
術王不能無惑後事仁宗爲起居舍人
愼安之字元老亦宋開封府人父偹文宗朝
隨海舶來有學識且精醫術登第官至守司

《高丽史》关于福州人胡宗旦入高丽王朝任官的记载

宗藩关系建立后，两国关系密切，两地官民往来频繁。高丽王朝多次向中国派遣留学生入国子监学习中国文化。

北宋朝廷对于高丽留学生十分重视，在国子监专设“高丽学”负责教育和管理高丽学生，教职人员有博士、学正和学录等人，分别负责讲授、考校、学规和奖惩事宜。宋政和年间（1111—1118），有侯官县人进士郑强出任国子监学录兼高丽学录，负责督导高丽留学生金端、权适、甄惟底、赵奭、康就正等五人。

高丽宣宗（1084—1094）时，不少福建人渡海迁徙至朝鲜半岛并定居，其中一些人在高丽王朝走上了仕途。由于中国史籍少有这方面的记载，一直以来这个特殊的群体不为我们所知晓。值得庆幸的是，高丽文献保留了这方面的历史记录，从这些记录可以发现福建人表现十分突出。如，泉州人刘载随福建商舶赴高丽，高丽宣宗试以诗赋，授千牛卫录事参军，刘载朴质能文，后官至守司空尚书右仆射。

另有福州人胡宗旦，本是太学上舍生，随福建商舶到高丽游历，因其聪敏博文，很快便受到高丽睿宗（1106—1122年在位）的优厚宠顾，从最初授予左右卫录事一路升迁至宝文阁待制。当时，高丽睿宗颇好乐妓，有玲珑、遏云两乐妓以善歌屡承恩赉，国学生高孝冲作诗讽刺国王沉迷声色，疏于朝政，睿宗不悦，将他抓捕入狱。胡宗旦上书营救，高孝冲得以释放。胡宗旦不仅聪敏能文，而且兼通杂艺，尤其擅风水之术。在朝期间左右逢源，仕途平坦。睿宗死后，胡宗旦继事仁宗（1123—1146年在位），为起居舍人。此外，还有高丽显宗四年（1013），闽人文士戴翼投化高丽，被授予儒林郎守宫令，并得赐衣物、田庄。正如《宋史·高丽传》所记载：“王城有华人数百，多闽人因贾舶至者，密试其所能，诱以禄仕，或强留之终身……”

高丽王朝最高学府成均馆，有福建文士曾在此任教官学录

四、郑氏家族与日本

明清鼎革之际，中国东南沿海活跃着一支以反清复明为宗旨的政治势力，即郑成功领导下的郑氏集团。该集团自郑芝龙积极开拓海上私人贸易开始，到郑成功收复台湾，与日本有着千丝万缕的联系。

郑氏集团的创建人是郑芝龙（1604—1661），明泉州府南安县石井村（今福建省南安市石井镇）人，年轻时往广东香山澳（今澳门）随母舅黄程从事海上贸易，明天启元年（1621）起依附海商李旦的商舶赴日本贸易。

郑芝龙画像

日本平户郑成功纪念馆郑芝龙事迹展室

李旦（？—1625），泉州人，曾到马尼拉经商，后移居日本平户，成为当地的华商领袖。李旦拥有多艘大型海船，专营由日本到中国和东南亚各地的“朱印船”贸易，积累巨万。无子的李旦将郑芝龙视为义子，还介绍平户藩武士田川七左卫门之女田川松嫁给郑芝龙。明天启四年（1624），田川氏于日本平户千里浜生下长子郑成功。李旦死后，其资财和部下多归属郑芝龙。郑芝龙在此基础上进一步并吞了海澄（今福建省龙海市、

末次朱印船，长崎巨贾末次氏家族商船，日本宽永年间（1624—1643）在台湾与李旦，在吕宋、安南与闽籍海商交易

厦门市海沧区一带）人颜思齐的海寇商人集团，形成一股拥有近千艘海船、较具实力的海上武装力量。他们不仅常年兴贩日本、琉球和吕宋等国，还不时抢掠中国沿海州县，官兵莫能抗。崇祯元年（1628），郑芝龙接受明朝政府招抚，成为海防游击。他借助官府力量，先后消灭了李魁奇、杨六、钟斌和刘香等海寇集团，兼并了他们的力量，从而控制了东南沿海的制海权。至此，在中国东南海疆之上，“海舶不得郑氏令旗，不能往来。每一舶，列（例）入三千金，岁入千万计，芝龙以此富敌国”。清顺治四年（1647），清兵入闽，郑芝龙降清，被软禁在北京，顺治十八年（1661）为清廷所杀。

荒木朱印船，长崎巨贾荒木家商船，日本江户初期在暹罗、安南、交趾与闽籍海商交易

传说中的郑成功出生地——日本千里浜

郑芝龙之子郑成功以安平（今福建省晋江市安海镇）为据点，起兵反清，不但继承了郑氏家业，还占领了漳、泉、厦、金等地，遥奉南明政权为正朔，以“中兴明室”为己任。

郑成功母子塑像，日本平户市民立，位于日本平户郑成功纪念馆

郑成功继续开展大规模的海外贸易，以商利养军。郑氏贸易船队以厦门和台湾为基地将中国货物运销东南亚，再将东南亚商品转运日本，换取所需军需和其他商品。通贩日本一直是郑氏集团的主要贸易活动。

郑成功画像，日本平户郑成功纪念馆藏

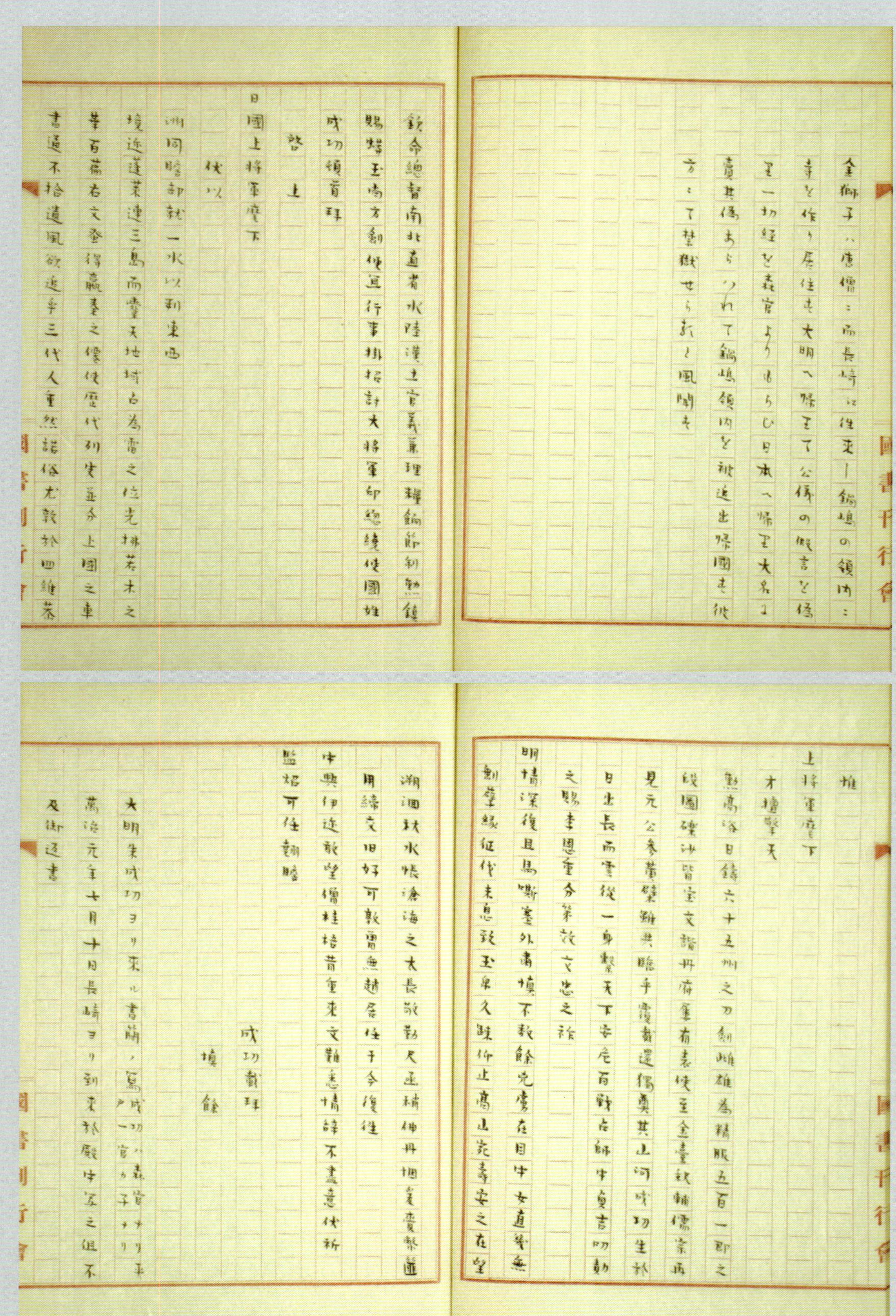
金獅子ハ唐僧ニ而長崎ニ往来シ鍋嶋の領内ニ
寺を作り居住ス大明へ帰テ公儀の假言を偽
リ一切経を森官よりもらひ日本へ帰リ大名ニ
賣其偽あらハれて鍋嶋領内を被追出帰国ス彼
方ニて禁獄せられしと風聞有

欽命總督南北直省水陸漢土官義兼理糧餉節制勦鎮
賜蟒玉尚方劍便宜行事掛招討大將軍印總統使國姓
成功頓首拜
啓上
日國上將軍麾下
伏以
洲同睦卻就一水以判東西
境近蓬萊連三島而壹天地域古為雷之位光排若木之
華百蕃右文登得嬴秦之儒使歷代列史並分上國之車
書通不拾遺風欲近乎三代人重然諾俗尤敦於四維恭
推
上將軍麾下
才擅擎天
慰高浴日鑄六十五州之刀劍雌雄為精賦五百一郡之
戰圖磚沙皆金文諧丹府重有袁使至金臺欽輔儒宗兩
見元公參萬燮難共臨手覆都還偶奠其山河成功生於
日出長而雲從一身繫天下安危百戰占師中貞吉吻動
之賜幸恩重分茅效文忠之旅
明情深後且馬嘶塞外書壎不教餘先虜在目中女直幾無
劍犖蝝征伐未息玆玉帛久睽仰止高山宛壽安之在望
溯洄秋水悵滄海之太長敬勤尺函犒伸丹悃薄贄聯通
用締交旧好可敦需無趨居任于今復往
中興伊迩敢望獨桂培青重來文難悉情詩不盡意伏祈
監炤可任翻瞻
成功頓拜
填餘
大明朱成功ヨリ来ル書翰ノ寫　成功ハ森官ガ子ナリ平戸ニ
萬治元年七月十日長崎ヨリ到来於殿中写之但不
及御返書

郑成功致日本幕府将军信（抄本），日本早稻田大学图书馆藏，抄本时间不详据荷兰东印度公司总督的一份报告，自1654年11月至1655年9月，有57艘中国船到达日本长崎，其中安海船41艘（其中大部分属于郑成功），泉州船4艘，大泥船3艘，福州船5艘，南京船1艘，漳州船1艘，广南船2艘。上述商船的主要大宗货物为生丝、织品、鹿皮以及砂糖等商品。

郑氏集团控制东南沿海的海外贸易达60多年，对海外闽商的发展壮大起了极大的推动作用。“正是在郑氏贸易的作用下，在长崎、马尼拉、巴达维亚（今印度尼西亚雅加达）出现了相当大规模的华人街。”

郑氏集团出口日本的大宗商品——水鹿皮

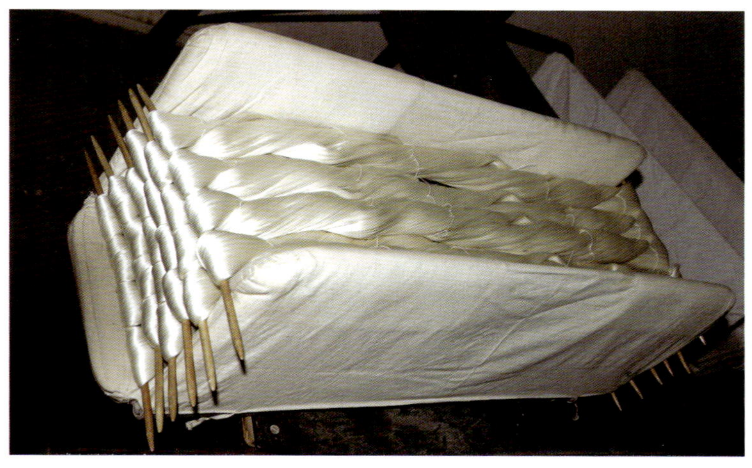

郑氏集团出口日本的大宗商品——生丝、绢

郑成功的事迹在日本也受到歌舞伎剧作家的重视，18 世纪初日本武士剧作家近松门左卫门便以郑成功为题材创作了歌舞伎剧《国姓爷合战》，虽然大部分剧情与历史事实严重不符，但其表演艺术颇受日本民众认可和喜爱，演出获得成功，并流传至今。

日本《国姓爷合战》演出海报

日本青森县八户市锻冶町山车祭游行花灯“国姓爷合战”

五、长崎华商谱传奇

日本长崎是16世纪以来东北亚华商贸易网络的重要节点，从福建沿海特别是闽南地区走出去的商人群体雄飞海外，无论是在“海禁”时期还是在开海时代，都活跃在长崎的海洋商业活动和华侨社会中，发挥了先锋和主导作用，在东亚海域华商活动史、福建商帮移居海外史、中日文化交流史上留下了深刻的印记。

自明宣德年间（1426—1435）开始，福建居民因为频繁从事与日本的海上贸易，有不少人逐渐移居日本九州北部地区，如鹿儿岛、平户、长崎等地。清代从事唐船（中国帆船）贸易的船只以福建居多。1689年，长崎建成唐人屋敷，将原来散居于长崎市内的华人客商集中迁住于此。这些客商很大一部分是闽籍商人。

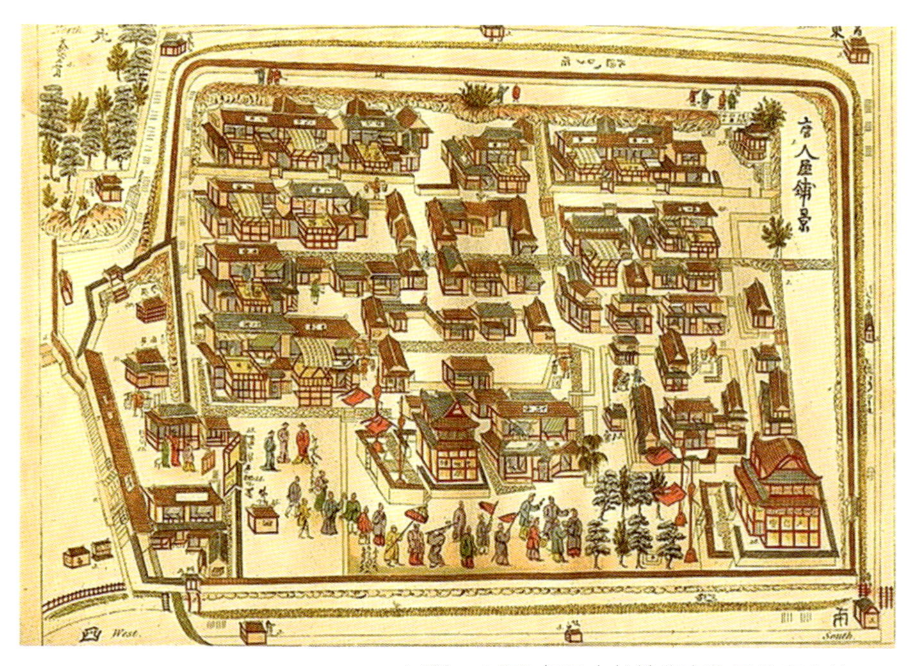

1689—1858年日本长崎华商集居地唐人馆

泰昌号账簿

上等	蕭仰斎	36	海澄県	泰昌号雜貨行	乙亥1月9日	2	1月19日	
下等	黃鋭	34	同安県	泰昌号伴	甲戌12月16日	2	1月19日	
下等	蕭廷松	24	海澄県	泰昌号伴	甲戌12月20日	2	1月19日	
下等	蕭徳宝	24	海澄県	泰昌号伴	甲戌12月20日	2	1月19日	
下等	何坑	33	同安県	泰昌号伴	甲戌12月16日	2	1月19日	
下等	鄭文旺	43	同安県	泰昌号伴	甲戌12月29日	2	1月19日	
同	高標奢	45	同安県	泰昌号伴	甲戌12月29日	2	1月19日	
下等	周力	31	海澄県	同号伴	甲戌12月29日	2	1月19日	5月30日病死
同	蕭清真	24	海澄県	同号伴	甲戌12月21日	2	1月19日	
下等	陳祈栄	2				2	1月19日	陳発興子
上等	蕭金瓶	2				2	1月19日	蕭仰斎女
上等	董心怡	49	元和県	泰昌号商人	甲戌1月1日	2	1月19日	
下等	蕭慈心	30	海澄県	同号伴	辛未2月15日	2	1月19日	
下等	楊光響	46	同安県	泰昌号伴	壬申6月8日	2	1月19日	
同	李九扒	28	同安県	同号伴	壬申5月14日	2	1月19日	
下等	張位	26	同安県	泰昌号伴	癸酉8月24日	2	1月19日	
同	何智	30	同安県	同号伴	癸酉11月5日	2	1月19日	
下等	黃壬癸	15	同安県	泰昌号伴	甲戌1月8日	2	1月19日	
上等	黃景邦	29	同安県	永豊号雜貨行	庚午7月15日	41	1月20日	
下等	黃汝芳	56	同安県	永豊号伴	己巳8月11日	41	1月20日	
同	黃景号	25	同安県	同号伴	癸酉3月10日	41	1月20日	
下等	黃汝直	61	同安県	永豊号伴	戊辰9月20日	41	1月20日	
同	郭開明	29	惠安県	同号伴	辛未9月15日	41	1月20日	
下等	黃朝玉	44	同安県	傭工	戊辰3月18日	41	1月20日	
同	黃禎祥	4				41	1月20日	黃朝玉子

1868—1875 年移居日本长崎的闽南海商名录

闽籍商人往来于福建与长崎的贸易活动不仅历史悠久，且绵延传承不绝。清代中后期，近代资本主义世界经济体系向全球扩展，日本也变成开埠通商的国家，长崎成为当时日本重要的对外贸易港口。在从事商业活动的群体中，来自福建金门的华商力量不容小觑，其中清末在长崎从事贸易活动的闽商以泰昌号为代表。

泰昌号创立于清同治元年（1862），是长崎华商中声名显赫的大商号，由来自福建同安（今福建省厦门市同安区、翔安区一带）和金门等地的股东集资创办，主要从事货物运销、代客包装与代理汇兑等业务。在泰昌号兴盛时期，其客户北至今俄罗斯的符拉迪沃斯托克，南达新加坡，几乎覆盖了整个东亚地区。

长崎开埠后，福建人为确保己帮利益，在唐馆成立了“八闽会所”（又称“八闽会馆”）。有关闽商创建会馆的宗旨，清光绪四年（1878）的《八闽会馆章程》作了说明，其根本目的是凝聚同乡商号的纽带力量及规范商业运作。闽商商帮为健全组织起见，对会馆的人事结构、经费来源、职务分工、权利义务、贸易规则及排解争端等，订立了较为详细的章程。要言之，福建商帮正是通过同乡公会（八闽会馆）这样的团体组织的公信力，结合地缘、业缘和神缘等关系，将东北亚、中国华东和东南亚连接成为一大通商圈，在东亚商海扎根立足，并开拓业绩，取得了辉煌的成就。

日本长崎福建会馆（前身即八闽会馆）

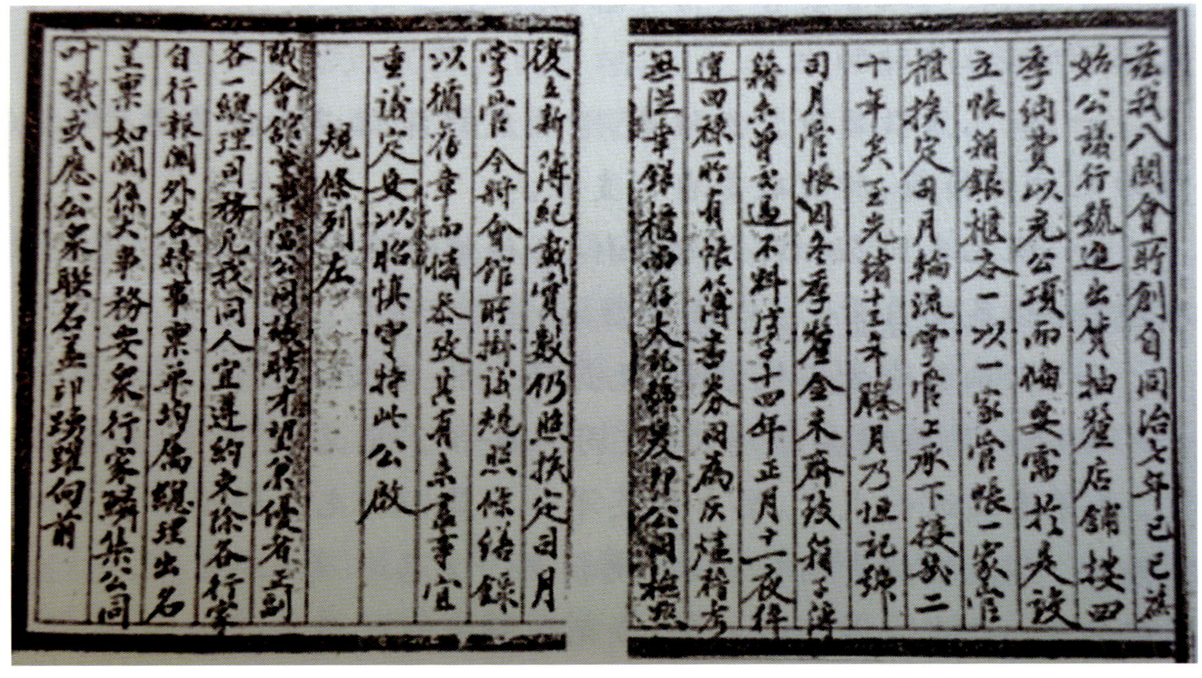
[illegible]我八閩會所創自同治七年已[illegible]
始公議行號進出貨抽釐店鋪按四
季納費以充公項而備要需於是設
立帳簿銀櫃各一以一家管帳一家管
櫃按定司月輪流掌管上承下接歷二
十年矣至光緒十三年臘月乃恒記號
司月管帳因冬季釐金未齊致箱子簿
籍未曾交過不料次年十四年正月十一夜[illegible]
遭回祿所有帳簿書卷因為灰燼稽考
無從幸錄櫃而存大紀錄又即公同[illegible]
後立新簿紀載實數仍照[illegible]按定司月
掌管今將會館所擬議規照條錄
以循舊章而[illegible]妥其有未盡事宜
重議定更以昭慎重特此公啟
規條列左
[illegible]會館[illegible]當公同[illegible]聘[illegible]望[illegible]者[illegible]
各一總理司務凡我同人宜遵約束除各行[illegible]
自行報關外各時事禀等均歸總理出名
呈禀如關係大事務要衆行家齊集公同
[illegible]議或應公衆聯名蓋印務照向前

日本长崎《八闽会馆章程》书影

福建人的同乡公会组织不仅注重商业规范的建立，还很重视对中华传统乡土精神、宗教信仰与祭祀文化的传承。为了敦睦乡谊、团结互助、联络感情，促进商帮商业繁荣昌盛，八闽会馆积极传承故乡习俗，有意识地保留福建地方重要节庆及祭祀文化，如：新年正月三日祀神——祭祀天地、神祇与祖先，正月初四接财神，三月二十三妈祖诞等。

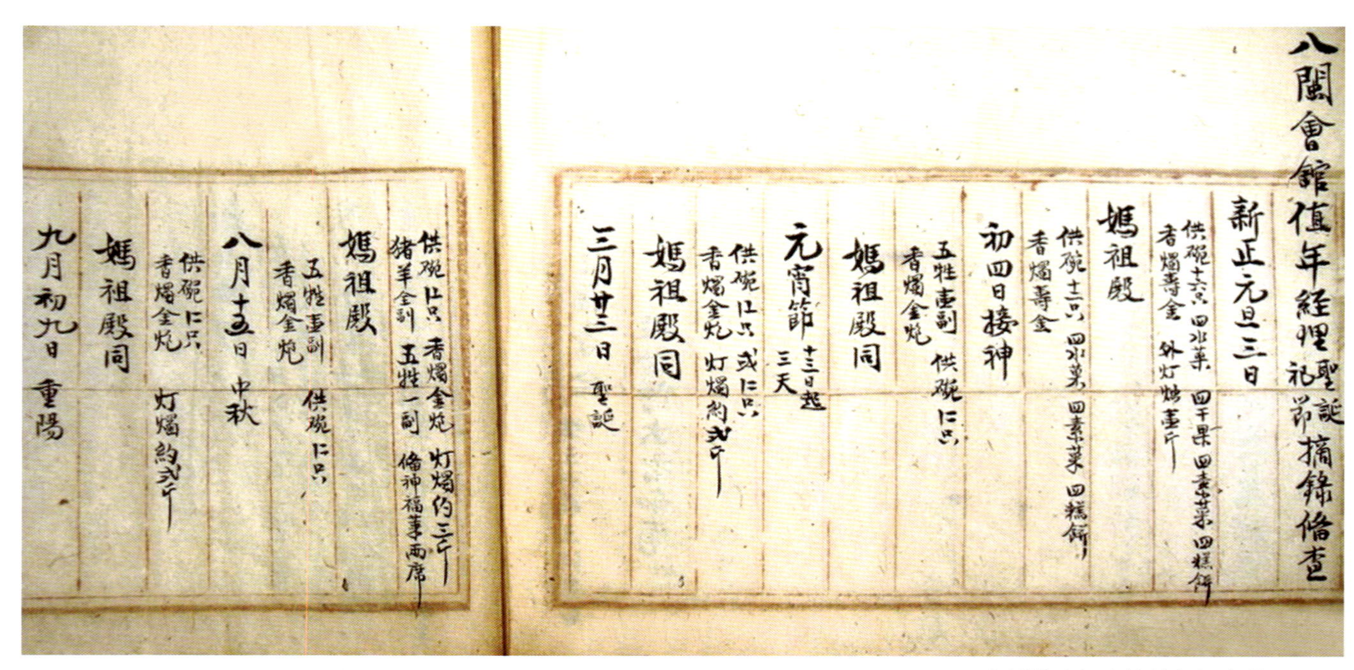
八閩會館值年經理聖誕禮節摘錄備查

新正元旦三日
供碗十六只 四水菓 四干果 四素菜 四糕餅
香燭壽金 外灯燭壹斤

媽祖殿
供碗十六只 四水菓 四素菜 四糕餅
香燭壽金

初四日接神
五牲壹副 供碗十二只
香燭金炮

媽祖殿同

元宵節 十三日起 三天
供碗十二只
香燭金炮 灯燭約弍斤

媽祖殿同

三月廿三日 聖誕
供碗十二只 香燭金炮 灯燭約三斤
猪羊全副 五牲一副 備神福筵兩席

媽祖殿
五牲壹副 供碗十二只
香燭金炮

八月十五日 中秋
供碗十二只
香燭金炮 灯燭約弍斤

媽祖殿同

九月初九日 重陽

日本长崎八闽会馆的祭祀文簿

八闽会馆还议定传统节日会员须集体庆贺、祭拜，其他节日如农历二月二土地公诞辰、二月十九观音诞、五月十三关帝诞等，可随商家方便自备牲礼崇祀供奉。可见海外闽商对传统文化的重视与讲究，这也是闽商能够在外立足与发展的精神力量之一。

福建人创建的日本长崎天后堂（1736 年兴建）

日本长崎天后堂恭迎妈祖神像图

日本长崎土地神庙（1691 年兴建）

日本长崎关帝堂(1736 年兴建)

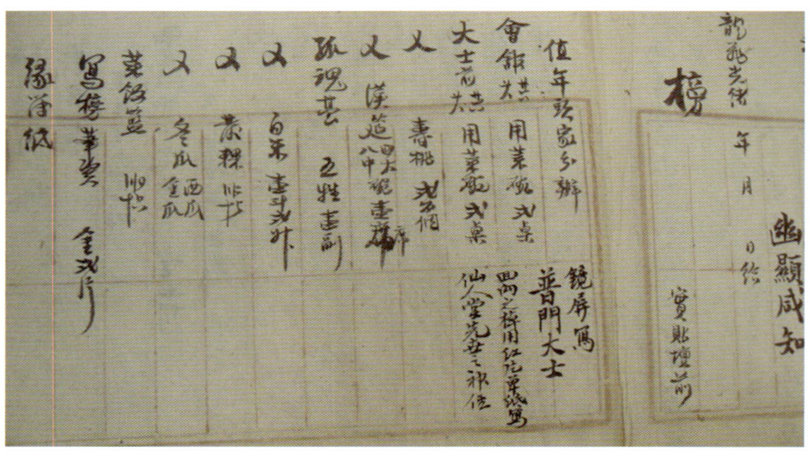

日本长崎福建会馆中元节采办普度用品清单

第四章
海船、海港与海路

福建与东北亚的海上丝绸之路，是由海船、海港与海路构成的。在这一区域从事贸易的船只不仅有中国船、日本船、朝鲜船，亦有琉球船，还有后来的欧洲船只。东北亚海上贸易的兴盛，造就了许多闻名遐迩的贸易港口，同时固定的贸易航路也在历史上留下了清晰的轨迹。

一、潮起潮落千帆过

福建前往东北亚贸易的船只，文献记载多称之为“唐船”，实际上又分为福州船、厦门船、台湾船。当然在这一区域从事贸易的船只，也有琉球船、南京船、宁波船等。

1. 福州船、厦门船和台湾船

古代造船工艺通常把分布在北起浙江南部、南至广东东部，结构和形制具有相似特征的海洋木帆船通称为福船。福船的稳定性很好，在大风大浪中行驶自如，是中国东南沿海地区最佳的远航船只，其中的主要代表有福州船、厦门船和台湾船。日本江户时期（1603—1867）的文献对中国船尤其是福船做了诸多记载和描绘。

赴日贸易的福建商船

福船高大如樓可容百人其底尖其上闊其首昂而口張其尾高聳設柁樓三重于上其傍皆護板楊以茅竹堅立如垣其帆桅二道中爲四層最下一層不可居惟實土石以防輕飄之患第二層乃兵士寢息之所地板隱之須從上躡梯而下第三層左右各護六門中置木櫃乃揚帆炊爨之處也其前後各設木椗繫以棕纜下椗起椗皆于此層用力最上一層如露臺須從第三層穴梯而上兩傍板翼如欄人倚之以攻敵矢石火炮皆俯瞰而發敵舟小者相遇即犂沉之而敵又難于仰攻誠海戰之利器也但能行于順風順潮回翔不便亦不能逼岸而泊須假哨船接渡而後可

《筹海图编》记载的戚继光用于抗倭的大福船图

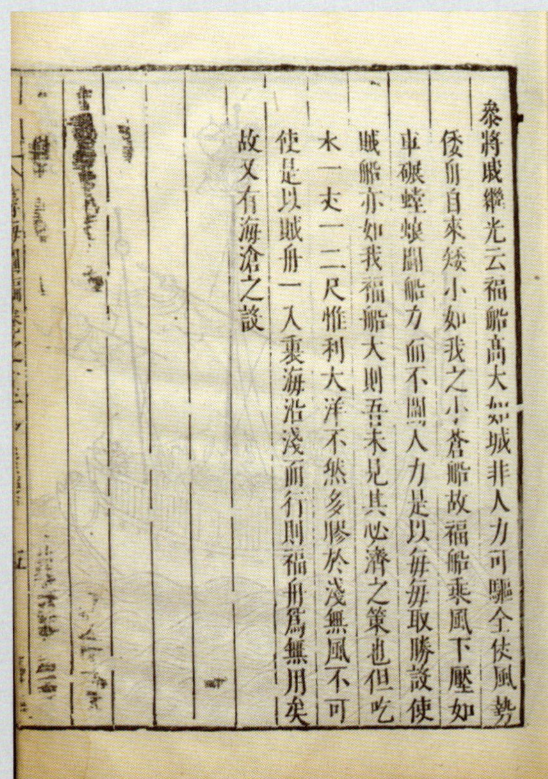

參將戚繼光云福船高大如城非人力可驅全仗風勢倭舟自來矮小如我之小蒼船故福船乘風下壓如車碾螳螂鬪船力而不鬪人力是以每每取勝設使賊船亦如我福船大則吾未見其必濟之策也但吃水一丈一二尺惟利大洋不然多膠於淺無風不可使是以賊舟一入裏海沿淺而行則福舟爲無用矣故又有海滄之設

《筹海图编》记载的戚继光用于抗倭的小福船图

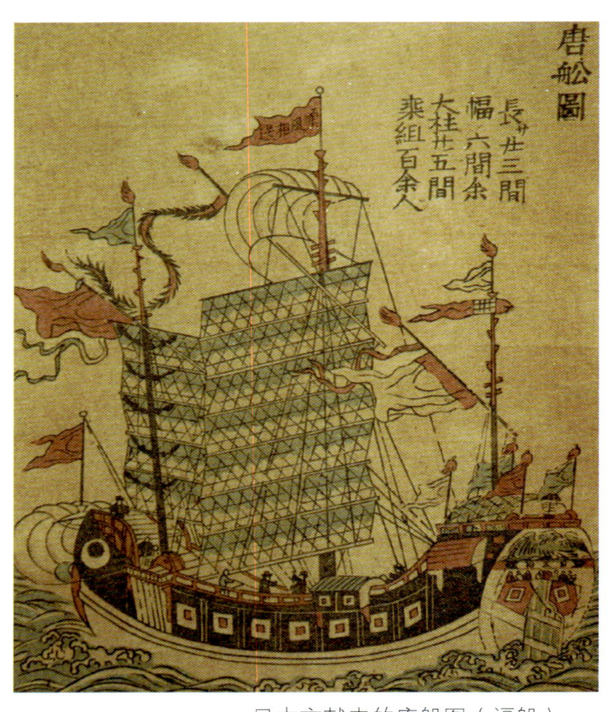

日本文献中的唐船图（福船）

早在三国时期，吴国就在建安（今福建省福州市辖地）设立典船校尉，组织人员从事造船活动。唐代，福州成为造船中心。宋元时期，福建造船蜚声海内外，“海舟以福建船为上”的评说亦包括福州造船在内。到了明代郑和下西洋时期，史籍记载，郑和船队大部分船只是在福州建造的。

福州船抵达长崎，日人小舢板前来卸货

长崎贸易中的厦门船

厦门船实际上就是从漳州月港进出的船只，但它的主港是厦门，主要从事厦门的对外贸易。厦门船在建构上与福州船相仿，人们只能从船体的颜色来判断海船来自何处。福州船通常漆红，而厦门船与泉州船一样，通常船身漆白，厦门船载重量可达 150 吨。

前往长崎贸易的台湾船

台湾早期隶属于福建管辖，1885 年才建省，因此台湾船只多出自福建，或福州，或厦门。郑成功时期的贸易船只，都属于台湾船系列。

2. 南京船、宁波船

由于福建具备高超的海船制造技术和丰富的造船资源，吸引了各地海商前来福州委托造船，这其中就有来自南京、宁波、广东、暹罗和琉球等地的商人。他们搭乘着这些大型海舟来往于东南亚、东亚和东北亚海域交通贸易，逐步形成了极具特色的华人商贸圈。

福建籍海商所属的暹罗船

本帆柱惣長拾七間五寸
本帆長八間

前往长崎贸易的福州造广东船

前往长崎贸易的福州造南京船

日人西川如见曾在《增补华夷通商考》中描述了南京船：今到长崎之南京船就是这种河船，故其舟之造法底平且长，无论风自何方吹来，皆可行驶无碍，四季皆有南京船来日。

前往长崎贸易的南京船

从福州造南京船来看，其船头与船尾的高度不同，船尾的高度几乎是船头的3倍。南京船还有一个特点，就是在船的中部主桅的左右舷侧有“肋板”。南京船的主帆使用棉布制作，而其他的帆都是用竹子与木条编成竹篾形状，但无论是竹帆还是布帆，都装有很多横栈。福州造南京船的船体是黄色的。

前往长崎贸易的宁波船

古代明州（今浙江省宁波市）是越族先民水上活动极其活跃的地方，不断开拓的明州港，不断延伸的南北航路，都得力于名扬四海的明州“神舟”“封舟”等名船，亦称宁波船。宁波船大小略逊福船，形制上也与福船不同，甲板呈弧线形突起，船底稍平，通常长 10 丈，排水量在 100 吨至 150 吨，宁波船也是中国东南沿海与东北亚诸国贸易的主要海船。明清时期，朝廷若对海外有册封或用兵之事，通常先在福建调拨船只，不足部分就会从浙江宁波一带的海船中征调。这些船只不仅仅是兵船，还有民用商船。

前往长崎贸易的宁波船

3. 琉球船

明初，琉球国是一个经济落后的国家，虽然是岛国，但航海力量很薄弱，“缚竹为筏，不驾舟楫”，不具备对外交通和贸易活动的能力。自从与明王朝建立了宗藩关系后，福建市舶司就专管通琉球的贸易外交事务，从此福建成了琉球国的造船基地。琉球国长期以来不断在福建造船、购船，更多的是在此修船、补船。据史籍记载，琉球贡舶，式略如福州鸟船。依靠福建造船业的支援，琉球国海上力量迅速发展，一跃而成为“以海舶行商为业”“以舟楫为万国之津梁”的海上贸易发达的国家。

19 世纪琉球进贡船图，福船船型，日本冲绳县立博物馆藏

作为曾经的海上巨无霸，福船以其出色的航海性能、精湛的制造工艺和别具一格的造型吸引了当今许许多多能工巧匠投身到福船的复原和制作工程当中，由于他们的努力，一艘又一艘令人叹为观止的复原船模展现在人们眼前，有的供人观赏，有的还能实现远航。

中国航海博物馆复原明代福船船身主体部分

中国航海博物馆复原明代福船船首神兽装饰

中国航海博物馆复原明代福船甲板主体部分

中国航海博物馆复原明代福船甲板上的主次桅杆与风帆

中国航海博物馆复原明代福船前甲板部分

中国航海博物馆复原明代福船尾部装饰

中国航海博物馆复原明代福船后甲板上的主楼

福建省非物质文化遗产——东山海船钉造技术复原古船模型

二、人声鼎沸的海港

福建与东北亚海上贸易的港口主要有福州港、泉州港、漳州月港和台湾各港口。福建海商前往日本贸易的日本港口主要是福冈博多港、五岛列岛以及鹿儿岛南部港口坊津，后来长崎港成为日本锁国时期唯一开放的港口。朝鲜半岛也有与福建相通的贸易港口。

1. 福建贸易港口掠影

福建对日海上贸易的主要港口在明中叶之前以漳州月港、泉州港为主，中后期则以福州港和大员（即台湾、澎湖地区）为主。

月港，又名月泉港，在漳州城东南 50 里，“外通海潮，内接山涧，其形如月，故名”。

漳州月港外景（今貌）

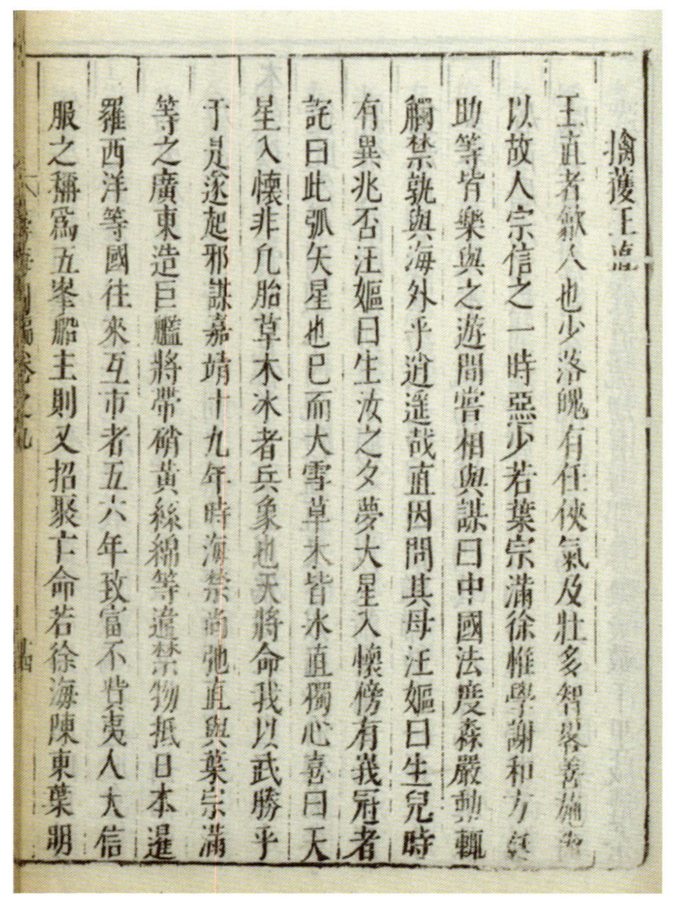
擒獲王直

王直者歙人也少落魄有任俠氣及壯多智略善施與以故人宗信之一時惡少若葉宗滿徐惟學謝和方廷助等皆樂與之遊間嘗相與謀曰中國法度森嚴動輒觸禁孰與海外乎逍遙哉直因問其母汪嫗曰生兒時有異兆否汪嫗曰生汝之夕夢大星入懷傍有峩冠者詫曰此弧矢星也已而大雪草木皆冰直獨心喜曰天星入懷非凡胎草木冰者兵象也天將命我以武勝乎于是遂起邪謀嘉靖十九年時海禁尚弛直與葉宗滿等之廣東造巨艦將帶硝黄絲綿等違禁物抵日本暹羅西洋等國往來互市者五六年致富不貲夷人大信服之稱爲五峯船主則又招聚亡命若徐海陳東葉明

《筹海图编》关于漳州人叶宗满、谢和勾结王直等通商月港、双屿港走私贸易的记载

明初，福建人私自出海贸易，皆从月港开洋。明正德十二年（1517），有葡萄牙商船东来互市，为广东官吏所阻，遂来月港停泊。其后，日本、西班牙商船也载货来月港贸易。嘉靖二十年（1541），葡萄牙商人留居漳州的有500人之多。尽管明朝廷对这一地区的私商活动采取了极为严厉的“海禁”措施，然而月港海商仍“每岁孟夏以后，大舶数百艘，乘风挂帆，蔽大洋而下”，与番人通商。由于月港的私商贸易已成为既定事实，明王朝不得不对此加以承认。隆庆元年（1567），明穆宗下令开“海禁”，“准贩东西二洋”，“于是五方之贾，熙熙水国，刳艅艎，分市东西路，其捆载珍奇，故异物不足述，而所贸金钱，岁无虑数十万。公私并赖，其殆天子之南库也”。

晚至北宋时，泉州港已有通往高丽、日本的航线。苏轼《论高丽进奉状》说“泉州多有海舶入高丽往来买卖”。北宋元祐年间（1086—1094），有泉州海商徐戬载高丽使者寿介一行来杭州通好，后因回国时明州无船往高丽，遂“往泉州，附舡归国”。

宋元时期福建海商也赴日本贸易。北宋崇宁年间（1102—1106），泉州海商曾多次赴日本贸易。从今天日本出土的各类宋代瓷器来看，有不少是福建的篦纹青瓷，如德化的瓷器产品——军持、盒、高足杯等。考古发现也可证明宋元时期福建与日本的交往是十分密切的。到了明代，泉州港已成为中日走私贸易的主要港口之一。

泉州安平桥

泉州洛阳桥

福建石狮石湖村六胜塔，号称福建海上丝绸之路第一塔

古泉州港的航标——姑嫂塔

公元前202年，福州成为闽越国都城冶城的所在地，“旧交趾七郡贡献转运，皆从东冶泛海而至”，从此开始了福州港的文明史。

闽江口停泊的帆船

王审知治闽期间，开辟闽越海道，促进福建对外交通，招徕海中蛮夷商贾，“纵其交易”，并开辟甘棠港，方便外国商船入闽交易。王审知还在福州港置有榷货务，专门管理舶货征榷事务，福州港呈现出“万国之梯航竞集”的盛况。

闽江内港福州万寿桥及其下游木船（旧景）

有宋一代，福州发展成为科举文教的重地、儒学重镇，位列宋朝六大城市之一。此时的福州可谓“工商之饶，利尽山海”，享有“东闽盛府”的美誉。福州港海外交通的发达，推动了福州社会经济的发展，有诗赞曰：“南来海舶浮云涛，上有游子千金豪”，“海舶千艘浪，潮田万顷秋”，福州海外贸易的繁荣景象跃然纸上。

2. 日本贸易港口览胜

闽商主要前往日本九州西海岸地区，如早期的福冈博多港、五岛列岛以及鹿儿岛南部港口坊津，中后期则以长崎港为主。明人茅元仪《武备志》对日本的主要通商口岸有所介绍，他说日本有三大津，分别是萨摩川边郡的坊津、筑前的花旭塔津和伊势的安浓津。花旭塔津即今福冈博多港，安浓津指的是今三重县的省府津市。这三处“乃人烟辏集之地，皆集各处通番商货”，其中又以萨摩之坊津为要，“三津惟坊津为总路，各船往返，必由此路而过”。

位于九州西海岸外的五岛列岛自古以来就是中日两国船只进出日本的必经之地，五岛之中的福江岛、奈留岛都留有古代中日双方人员交往的历史遗存。

福江岛上有唐人街、明人堂、六角井等遗址，这里曾经是王直、李旦、郑芝龙等出入日本沿海的居留地和根据地。

日本福江岛上的明人堂

日本福江岛上的六角井

日本福江岛六角井的解说词

远眺日本福江岛海湾

日本古代画册中的鹿儿岛坊津港

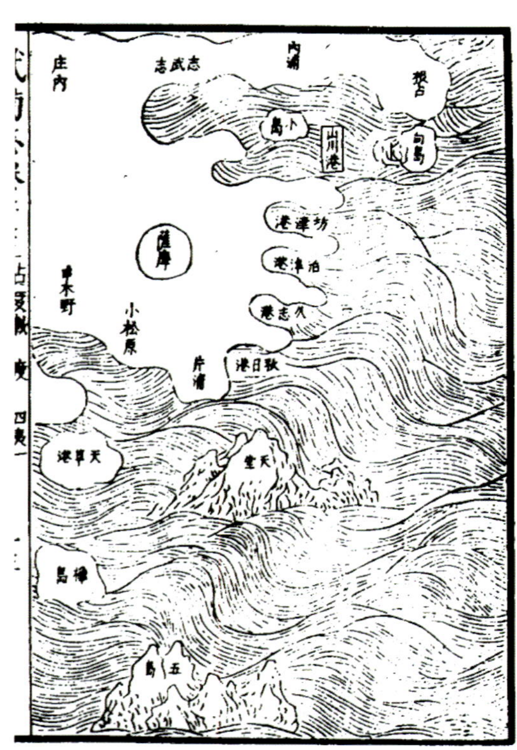

《武备志》中描绘的鹿儿岛坊津港、山川港以及五岛列岛简图

鹿儿岛县南部的海港坊津曾经是日本遣唐使船、遣明使船、倭船和中国私人走私贸易船往来东海的据点之一，也是茅元仪《武备志》所称“三大津”之一。此外，坊津还是琉球王国与日本萨摩藩政治、经济和贸易往来的主要港口。这里建有鉴真纪念馆，用以纪念鉴真大和尚东渡于此（坊津町秋目）登岸。明代，一些福建私人贸易商人也曾定居这里，比如，日本史料记载1608年福建泉州商人许丽寰、久志等人经常往来这里贸易。江户时代（1603—1867），坊津的海上贸易地位逐步衰退，为长崎取代。

鸟瞰日本鹿儿岛山川港，这里曾是福建商品经由琉球贡船输往萨摩的指定港口

同为南萨摩地区的山川港是明清时期琉球贡船将中国物产从福州转运并最终进入日本市场的门户港口，因此这里也是商贾云集、繁盛一时的贸易集散地。经由琉球船运输来的最大宗商品是产自福建（含台湾）的砂糖和茶叶，同时，有大量的日本海带、硫磺、扇子、刀剑等源源不断地从这里装上琉球船转运至福州。

日本鹿儿岛山川港湾内景

明清时期，琉球王国就是通过这样的转口贸易，在中琉朝贡贸易的名义下，成为一支沟通中日两国贸易的中间力量，并从中获取商业利益。前来山川港贸易的不仅有琉球船只，还有来自中国、东南亚和西方殖民者的商船。山川港还保留了日本室町幕府时期（1336—1573）的旧唐人街遗存、石敢当石碑等。

日本鹿儿岛山川町旧唐人街遗存（旧照）

现今保留的日本鹿儿岛山川町旧唐人街街景

石敢当石碑

与华商有关系的还有传自福建商人的腌菜萝卜干，当地取名“山川渍”或“唐渍”，如今是日本传统“四大腌菜”之一。

具有 500 年腌制历史的日本山川渍（萝卜干）制作宣传画

博多港的对外贸易兴盛于 12—13 世纪，也就是我国的宋元时期。14 世纪因元军攻打日本，一度受到影响，开始出现衰落迹象。15—16 世纪，博多港依旧是日本室町幕府与明朝开展朝贡贸易的起锚地，遣明船从博多港出发，经由平户和五岛列岛，前往宁波。通过这样的贸易，许多中国物品流入了博多。直至今日，在博多依然不断有中国陶瓷器和铜钱被发掘。到 16 世纪，随着日明朝贡贸易的终止，华人海商的走私贸易开始不断扩张，海外贸易的据点逐渐移至平户、长崎、萨摩等地。到了 17 世纪初期，日本的海外贸易被限定于长崎一港，由此，博多作为海外贸易港的使命宣告终结。

17 世纪初的博多港地图，日本福冈博物馆藏

“南蛮屏风”，日本堺市博物馆藏

堺港所在的堺市位于今日本大阪府中部临海地区，战国时期这里正好是摄津国、河内国与和泉国三国的交界地，三国的内陆商人云集于此，与水路商人进行货物交换，后逐渐成为一个商业港口城市。这里分别是1469年、1476年、1483年、1506年、1520年日本遣明船的起锚地，还是16世纪琉球国商船、葡萄牙商船走私贸易的主要港口。堺市博物馆珍藏有一幅“南蛮屏风”（16世纪末17世纪初的作品），屏风画上部附有题字，文字提及明代中国主要港口城市诸如南京、福州、漳州和天川（澳门）等地，还注明从漳州月港出口的大宗商品有白砂糖、红糖、瓷盘和粗制茶碗等。

三、漫漫无际的海路

明代，凡外商入贡皆设有市舶司以领，“在广东者专为占城、暹罗诸番而设，在福建者专为琉球而设，在浙江者专为日本而设”，尤其在郑和下西洋之后，福建与日本、朝鲜半岛、东南亚诸国的贸易交通网络逐渐形成。

首先是中琉航路的开辟。在前人航海的基础上，人们将福建往琉球、福州往琉球的针路分别记载在《顺风相送》和《指南正法》两种海道针经上。从琉球往返日本的针路，我们可以看到一条从福建到日本诸港的完整的航海路线。

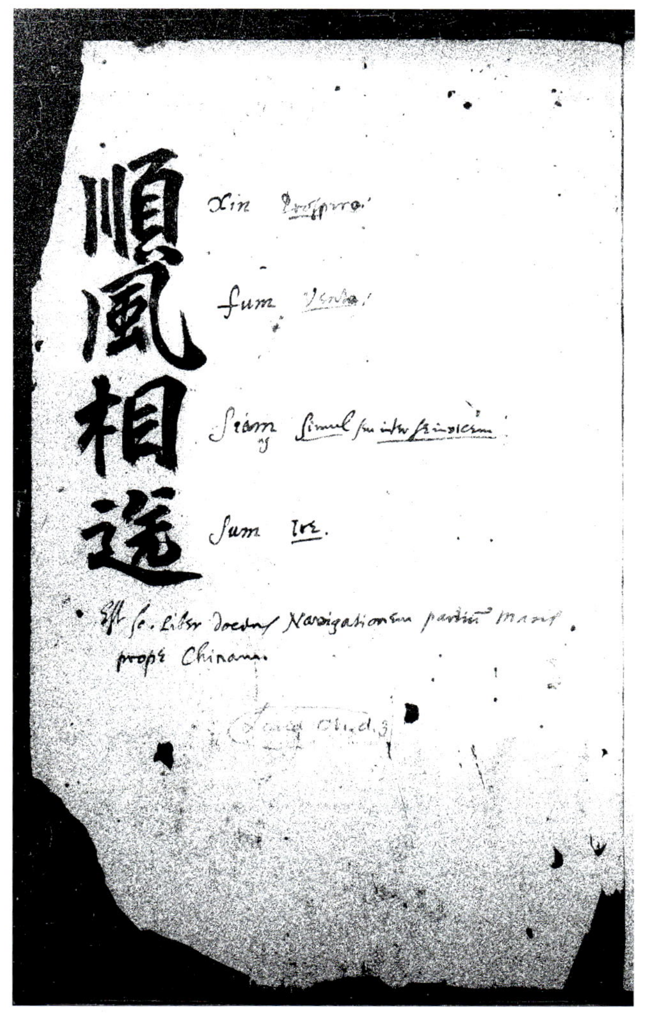

《顺风相送》书影

長枝頭開船丙午七更取彭湖丙午三十更丙巳取三嶼沿山
使丙午収表丙巳見里安里艮大山辰巽入呂宋单巽取芒烟
大山沿山使用巽巳取平嶼過洋单辰五更取高西山右邊離
山辰巽取里沙大山沿山落丙巳取大山尾丙巳好風二十更
单巳取麻安大山单午見雙里山船在山西邊過丙午十五更
取蘇祿单酉并坤申出崑崙門庚酉并辛酉三十更取麻里犇
山在北邊離山巽巳十更入崑崙尾在右邊采单巳取筆架山
入港東加蠟拋船是杉木　山內入

杉木回浯嶼

東加蠟開船見麻那犇山離崑崙尾用乾亥取麻里奔山若見
半洋小嶼在東邊過船乾亥取麻里奔山離山尾壁頭起身子
癸十更取半洋離崑崙子癸十更壬子并壬癸取三牙七峯沿
山使見南頭高单酉取蓑箕嶼单亥取蘇祿出門過洋乾亥五
更单亥離巳漢頭山十更单子取里艮山并麻里荖表壬子廿
五更取浯嶼洋中壬子廿五更取浯嶼也

福建往琉球

太武放洋用甲寅針七更船取烏坵用甲寅并甲卯針正南東
墻開洋用乙辰取小琉球頭又用乙辰取木山北風東湧開洋

《顺风相送》关于福建往琉球针路的记载

《顺风相送》载有福建往琉球、琉球往日本、兵库港回琉球和琉球回福建的航海针路，由此可见，由福建通往东北亚地区的航海路线的形成，是经过了福建与东北亚地区航海者千百年的航海实践，牺牲了无数人的生命换来的。

福建往琉球的针路：从福建各个港口，如从泉州，或从东涌岛（今福建省连江县东引岛），或从长乐的梅花所（今福州市长乐区梅花镇）开船，经小琉球、钓鱼屿、赤坎屿、琉球的姑米山等岛屿，即到琉球那霸港。

用甲卯取彭家山用甲卯及单卯取釣魚嶼南風東湧放洋用
乙辰針取小琉球頭至彭家花瓶嶼在內正南風梅花開洋用
乙辰取小琉球用单乙取釣魚嶼南邊用卯針取赤坎嶼用艮
針取枯美山南風用单辰四更看好風单甲十一更取古巴山
即馬齒山是麻山赤嶼用甲卯針取琉球国為妙
不入港欲往日本對琉球山豪霸港可開洋琉球放洋用单丁
針四更船取椅山外過单癸針二更半是葉壁山離椅山了单
癸四更取流橫山又用丑癸五更取田家地用丑癸三更半取
萬者通七島山邊用单寅針五更取野故山內過船離野故山
用艮針二更半船取但尔山又单艮四更取酉南山平港口其
水望東流十分緊单寅十更船取啞慈子里美山其山用单艮
二更单寅三更沿度奴烏佳眉山用癸針三更船若是船開单
子一更取是麻山邊南邊有沉礁名傲長礁東邊過船单丑一
更船是正路用子針四更船取大山門中傍西邊門過船用单
丑是兵庫港為妙

琉球往日本針路

許山對四個椅山共五十七更船豪霸港口開船单子四更取
椅山外過用癸針二更半取葉壁单癸四更取流橫山用丑癸

《顺风相送》关于琉球往日本针路的记载

从琉球那霸港出发，经椅山、叶壁山、流横山、田家地山、梦加利山、大罗山、万者通七岛山、野故山、但尔山、野角利山平港、哑慈子里美山、妙佳眉山、麻山、大门山到日本兵库港。

兵库港回琉球的航路：从兵库港发船，经大门山、麻山、渡奴乌佳眉山、哑慈子里美山、哑甫利山、但尔山、野故山、万者通七岛山、大罗山、梦加利山、叶壁山、马蹄山，入琉球那霸港。

五更取田家地山用丑癸三更半取夢加利山单癸三更取大
羅山单癸二更半取萬者通七垃山邊過单寅五更取野故山
内過艮針二更半取但尔山又艮針四更取野角利山平港口
流水望東十分急離野里山单寅十更取啞慈子里美山妙佳
眉山单癸三更若是船開单子一更取而麻山邊一個沉礁名
做長礁東邊過船单丑十更船是正路子針三更取大山門中
傍西邊門過船单丑三更取兵庫港為妙

兵庫港回琉球針路

港口開船单未三更单午四更取大門山中傍西邊過用午四
更取麻山单丁三更取沿渡奴烏佳眉山单辛針取啞慈子里
美山其山用辛針十一更取啞甫利山单坤六更取但尔山坤
申四更取野故山坤申五更取萬者通七島山内過山名曰垃
奴名山共野山對向一更船有小礁五更船千萬仔細使船在
北邊過单丁三更取大羅山丁未三更取夢加利山用丁未五
更取葉壁山外過单丁三更取馬蹄山单午四更取琉球港口
為妙

琉球回福建

港口用坤申一更半平古巳山是麻山用辛酉四更半用辰戌

《顺风相送》关于兵库港回琉球针路的记载

琉球回福建的针路：“港口用坤申一更半平古巴山是麻山。用辛酉四更半，用辰戌十二更、单乾四更、单辛五更，辛酉十六更认是东路山，望下势便是南杞山，坤未三更半台山，坤未三更是乌麻山，坤针见官塘，五更平官塘，取定海千户所前抛为妙。”

此外，《指南正法》上也载有福州往琉球、琉球回福州的针路。

十二更單乾四更單辛五更辛酉十六更認是東路山望下勢
便是南杞山坤未三更半臺山坤未三更是烏麻山坤針見官
塘五更平官塘取定海千戶所前拋為妙
日本港山水形勢
船見雲貳山直朧是久志灣下是秋目灣（倭名即阿根美）
船見烏奐直朧是山川（倭名即夜鳴高及彌志）
女灣內浦港（倭名即里之撤）
船見天堂頭是片浦港（名曰加力里）天堂內是阿久根（即是紅東里）下處
是京泊津（即腔挑馬里）

船見天堂北朧是天草即野馬堀沙用艮丑針取志岐在東南
邊進入去即口津在北邊名口原津灣子即及有馬大山即里
馬國
船見日奐即五島頭美甚馬直朧用單寅收入長岐港即龍仔
沙機有佛郎番在此
船見天堂用壬子壬亥取松浦港
船見五島頭用艮寅取鼕仔山進柯子入去即平戶津名魚鱗
島
船見對馬島用乙辰乙卯取松浦為妙也

《顺风相送》关于琉球回福建针路的记载

除了纯粹的航海针路簿的记载外，历次册封琉球的使者与舟师的对话中也记述了福建与东北亚各国的航海路线，常以针路图的形式出现。譬如清康熙年间（1662—1722）徐葆光使琉球时的航海针路图，对福建往东北亚地区的海路描绘得一目了然。

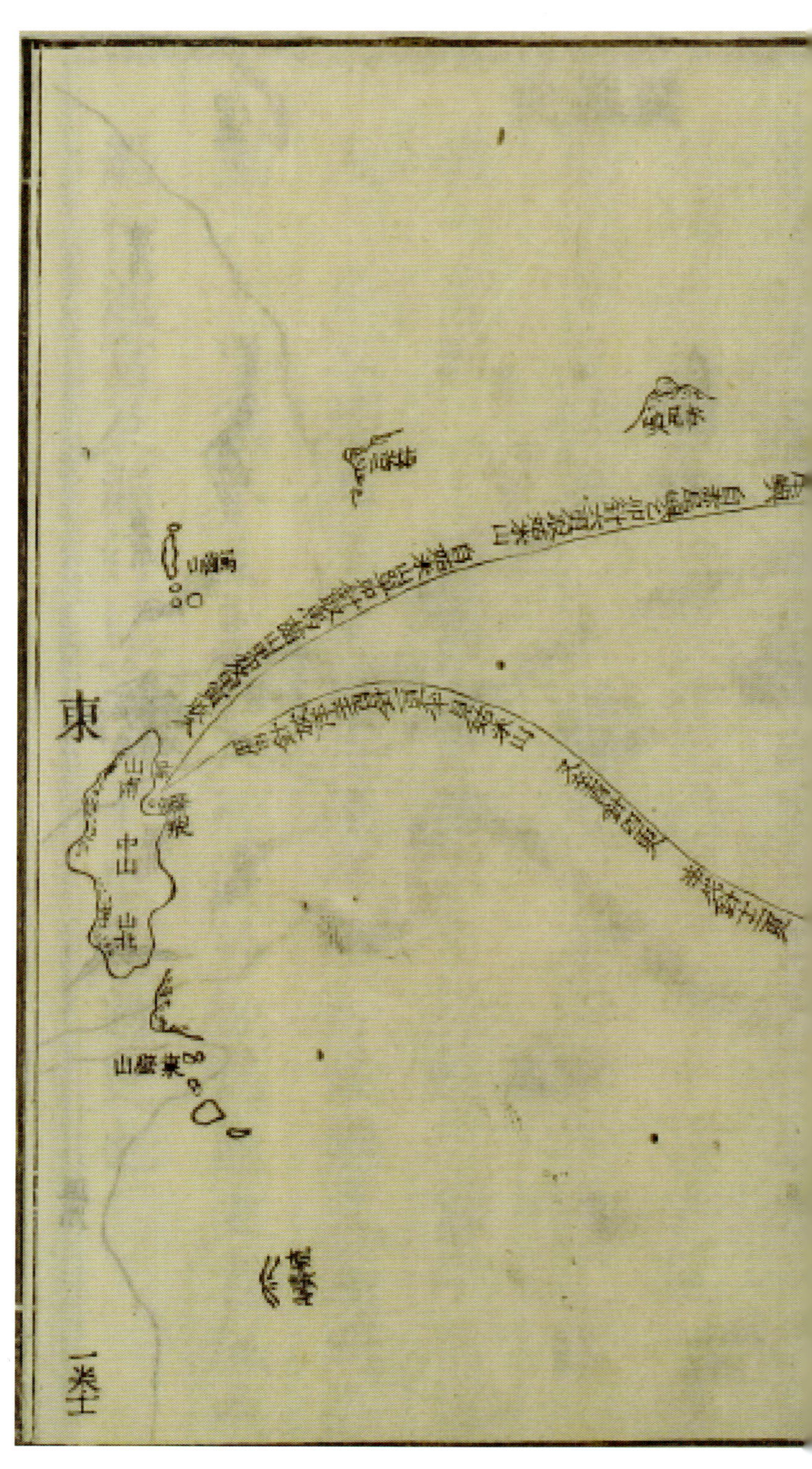

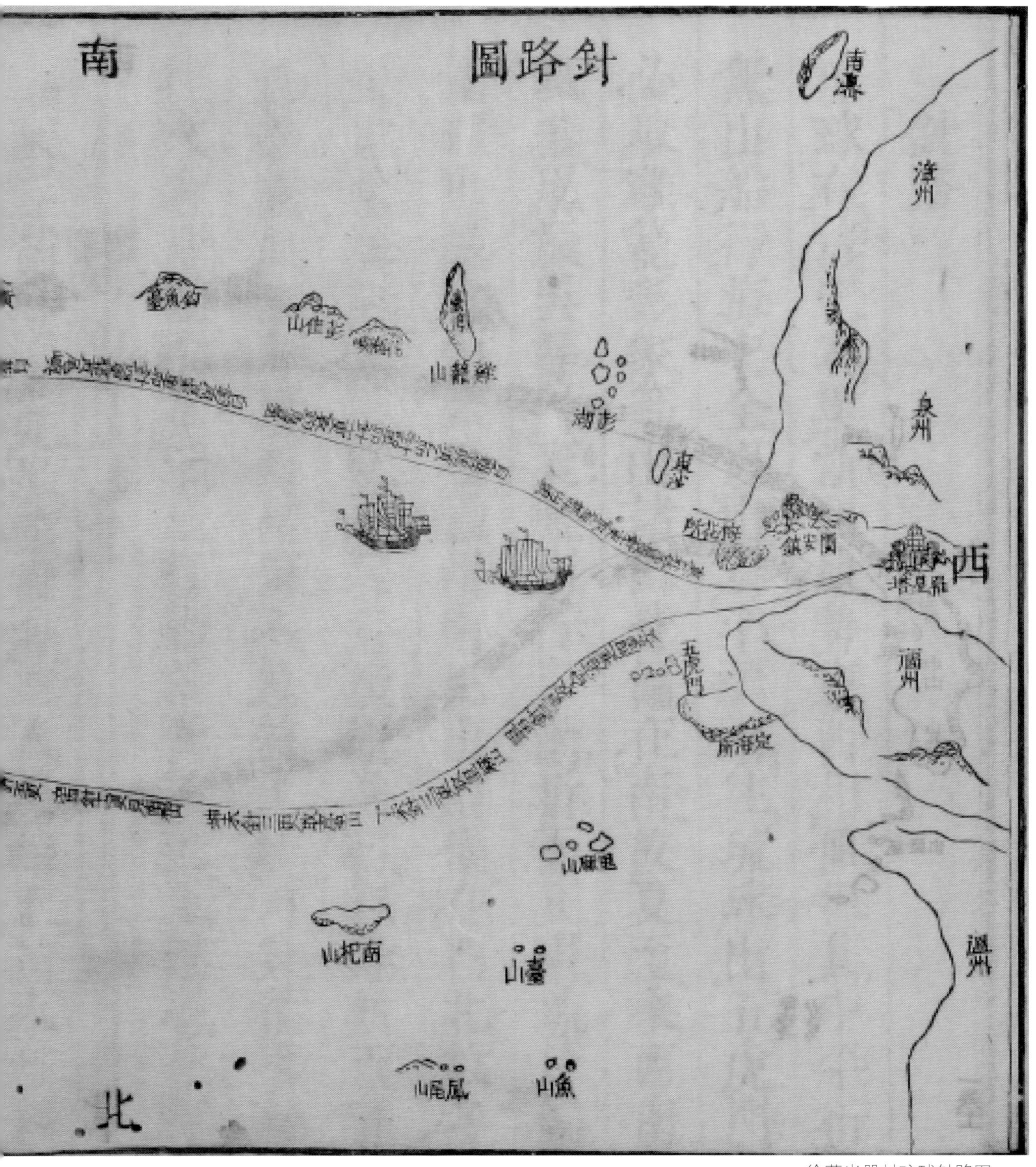

徐葆光册封琉球针路图

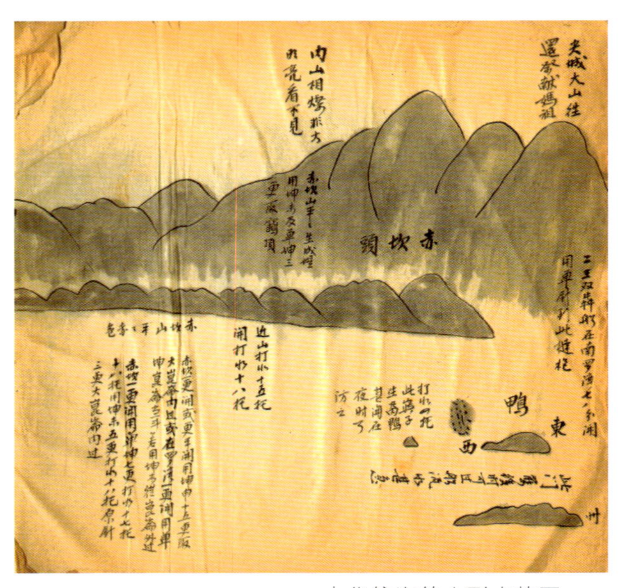

古代航海的山形水势图

在古代，中国人有诸多的海路表述形式，除了以上两种外，还有更为直观的，譬如山形水势图就是其中的一种，这种图文并茂的海路图，对那些惯于航海但又识字不多甚至一字不识的舟师来说，非常实用。

能让人们更进一步详细了解古人航海海路的是古人绘制的航海图绘。因为由官方组织的航海活动常带有随行的画师，例如明清时期中国册封琉球时就有画师随行，他们绘制了福建往东北亚地区的航海之路。如清乾隆时期（1736—1795）朱鹤年绘制的《奉使册封琉球图》，其中的“五虎放洋”“午夜过沟”都是福建往东北亚海路的真实写照。

《奉使册封琉球图》局部“午夜过沟”

第五章
商贸与文化的交融

古代福建与近邻日本的交往以经贸为主，贸易和人员的交往必然带来文化的交流与融合，这种交流与融合体现在众多方面，包括思想、制度、习俗、文教、宗教和生产技艺等。

一、琳琅满目的贸易品

明代福建与日本的贸易主要有两种形式，一是早期的勘合贸易，二是以福建海商为主导的中后期走私贸易。室町幕府时期（1336—1573）的日本，地方割据政权内战不断，国内生产生活受到严重冲击，加上从农业当中分离出来不久的手工业产业尚不发达，日本市场的流通货币和诸多生活必需品如丝、布、锅、针及药材等都靠中国供给。

洪武通宝

永乐通宝

隆武通宝

1. 日本市场需求的钱币与物品

经由勘合贸易，日本从中国输入大量的铜质钱币，用于支撑市场流通，比如洪武通宝、永乐通宝等铜钱都一度成为日本国内市场的硬通货，这些铜质钱币多数是经由闽浙商人或郑成功所属的商船运往日本的。

明人姚士麟在其著作《见只编》中叙述，他曾向杭州卫所指挥童华（年轻时为“通倭番商”）打听日本的情况，童华回忆道：“大抵日本所须，皆产自中国，如室必布席，杭之长安织也；妇女须脂粉，扇漆诸工须金银箔，悉武林造也；他如饶之瓷器，湖之丝绵，漳之纱绢，松之绵布，尤为彼国所重。”

而作亦所謂想當然耳
童華蘭谿人以鉅貲爲番商會海寇起胡制府令
華與汪葉貿易藉緩其兵比汪葉就縛則商貲盡
矣僅以功襲杭州衛指揮余見華時年巳七十矣
華自言汪葉既誅部落死者萬人雖授一官而舉
家十九人一瞬爲火藥所燎蓋餌殺多命之報也
特爲東南桑梓計則吾不可謂無功故餘一老命
至今耳余因問其商海情狀大抵日本所須皆產
自中國如室必布席杭之長安織也婦女須脂粉
扇漆諸工須金銀箔悉武林造也他如饒之磁器
湖之絲綿漳之紗絹松之綿布尤爲彼國所重海
商至彼則必以貨投島主島主猶中國郡縣官先
以少物爲贄島主必爲具食其烹煮雖與中國殊
然醯醬椒薑種種可口肴果亦有數十器必一器
盡撤去更置一器其貨悉島主議之低昂既定然
後發市信價更不易也又言有寺院有僧寺中無
佛像但篆書數牌屋皆覆板國中土穰硫黃不能
作竈必往別島取土坐皆席地脫履門外載物有
車牛騾負載一如北方其婦女髻垂頸後好潔日
必數浴然最尚男寵他若占城呂宋琉球歷歷爲

《见只编》关于明中叶长江流域、东南沿海的大量生活物品输往日本的记载

明嘉靖年间（1522—1566），郑若曾等人编纂的大型军事文献《筹海图编》对当时日本所需的中国货物做了详细罗列，从中也可看出日本是中国手工艺制品、日用品的重要市场，而且交易利润相当高。比如，当时中国国内生丝价格每担约 60 两白银，到日本便可卖到 500—600 两白银，毛利高达十倍。福建漳州的纱绢布料和刺绣产品都是日本市场青睐的对象，这些都吸引了大批闽商不断前往江浙一带采买货物，再远赴东瀛交易。

《筹海图编》关于日本人所喜爱的中国商品的记载

漳州刺绣作品

2. 福建瓷器畅销日本

中国陶瓷产品外销海外的历史可以溯源自魏晋南北朝时期，在中南半岛、印度尼西亚的爪哇和苏门答腊岛、朝鲜半岛和日本都出土过中国的釉陶或青瓷残片。唐宋时期陶瓷制造业蓬勃发展，在朝廷积极的贸易政策推动下，陶瓷成为仅次于丝织品的重要外销商品。宋代，福建德化窑的白瓷与越窑、龙泉窑的青瓷、青白瓷一道输往世界各地，自然也销往朝鲜半岛和日本。

元代，中国外销瓷器更是规模空前。1977 年在韩国西南部木浦市发掘出土的新安海船（元初沉船）上，发现了多达 18 000 件的中国瓷器，其中包含诸多来自福建漳州一带的民窑产品。

北宋德化白瓷水注，日本崇福寺遗址出土

北宋德化白瓷器，日本岩手县西磐井郡志罗山出土

日本接待宋朝使臣的鸿胪馆考古遗址（福冈县博多），发掘出土了闽南陶瓷

磁灶窑是宋元时期中国重要的外销陶瓷烧制窑口，位于福建晋江磁灶镇，其陶瓷生产始于南朝晚期，盛于宋元，延续至明清。明万历《泉州府志》有载：“磁（瓷）器出晋江磁灶地方，又有色白次于饶磁（瓷）。”

宋元时期，磁灶窑产品外销到日本和东南亚诸国。

磁灶窑考古复原遗址

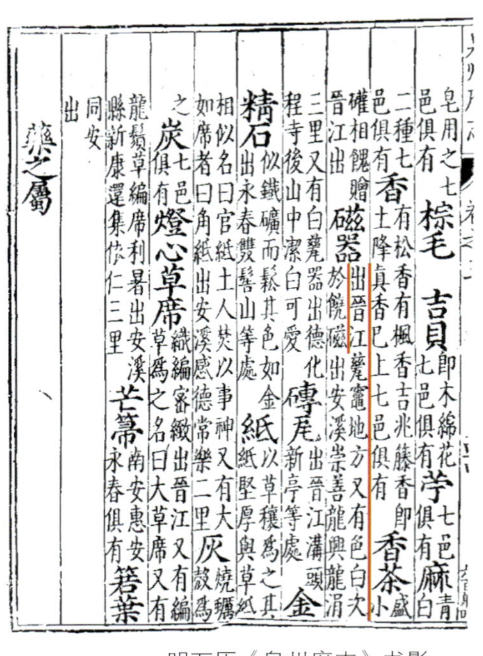

皂用之七邑俱有 棕毛 吉貝即木綿花七邑俱有 苧七邑俱有 麻青白
二種七邑俱有 香有松香有楓香吉兆藤香即土降真香巳上七邑俱有 香茶盛小
確相餽贈晉江出 磁器出晉江甆竈地方又有色白次於饒磁出安溪崇善龍興龍涓
三里又有白甆器出德化程寺後山中潔白可愛 磚瓦出晉江溝頭新亭等處 金
精石似鐵礦而鬆其色如金出永春雙髻山等處 紙以草穰為之其紙堅厚與草紙
相似名曰官紙土人焚以事神又有大如席者曰角紙出安溪感德常樂二里 灰燒蠣殼為
之 炭七邑俱有 燈心草席織編密緻出晉江又有編草為之名曰大草席又有
龍鬚草編席利暑出安溪縣新康還集依仁三里 芒箒南安惠安永春俱有 箬葉
同安出
貨之屬

明万历《泉州府志》书影

日本出土的磁灶窑黄釉陶瓷碗

日本出土的磁灶窑黄釉陶瓷罐

16 世纪末至 17 世纪初，以福建漳州和广东潮汕地区为主的区域内的民窑广泛烧制一种色泽艳丽的青花五彩日用瓷器。这些瓷器在明末清初福建海商崛起和私人海上贸易兴盛的历史背景下汇集漳州月港，沿海上陶瓷之路行销世界各地，其中的一大部分出口到了日本。在日本各地近世时期的考古遗址如博多遗址群、大阪城下遗址、长崎遗址和平户荷兰商馆遗址等发掘出大量这类瓷器，日本学界和博物收藏界称之为“吴州手”“吴须手”“吴须赤绘”“华南青花”“吴州染付”“汕头器”或“琉璃地瓶花手”。

漳州窑五彩花纹大盘，日本藏

漳州窑五彩人物图盘，日本藏

漳州窑五彩花鸟纹大盘，日本藏

漳州窑五彩瓷碗，日本藏

漳州窑五彩玉取狮子文钵，日本藏

漳州窑生产的五彩瓷小物件，日本藏

漳州窑青瓷碗，日本藏

20世纪八九十年代的考古发掘显示，生产这类青花五彩瓷的窑址主要有漳州平和南胜窑、五寨乡田坑窑，华安东溪窑，漳浦坪水窑，诏安秀篆窑、朱厝窑等处，以平和、华安两县为主。这些漳州瓷在制作工艺上虽不如官窑精细，但瓷器绘画技术堪称一流，所画人物、山水、花鸟或书法都采用写意手法，自由奔放。器形可分为两类：一类为日常生活用具，如碗、盘、碟、盏、杯、罐等；另一类为摆设器皿，如鼎、炉、瓶和佛像等。

由于这些漳州窑青花瓷的主要消费对象为日本大众，故在日本的传播范围和影响力巨大。近世日本的陶瓷烧制工艺也因此吸收了漳州窑系的技术，仿制“吴州手”一度成为日本陶瓷业走出国门的一条路径。

漳州窑生产的贸易瓷，日本大阪出土

这一时期，德化窑及其他闽南窑厂生产的白瓷观音像，被日本九州地区的一些特殊人群购买并珍藏起来。他们不是陶瓷收藏家，而是秘密的天主教徒，因为明清之际的日本幕府严禁天主教在日本民间传播，所以他们将白瓷观音当作圣母玛丽亚像暗中供奉。

圣母观音像

3. 建盏与日本

宋代饮茶、斗茶的风尚盛行，陶瓷茶碗是不可或缺的器皿。其中有一种被称作黑釉茶盏的碗，因色泽和工艺关系十分利于衬托白色茶末，易于观察茶色，被作为斗茶的最佳器具广受时人喜爱。这种黑釉瓷全国近三分之一的瓷窑均有烧制，其中又以闽北建阳（今福建省南平市建阳区）瓷窑烧制的建盏最为著名。

建窑制品由于胎土富含铁成分和砂成分，显得胎体厚重，胎质粗糙而坚硬。建盏胎色分别有黑、紫黑、灰黑或红褐等色。其优点是易于受热，胎内蕴含细微气孔，利于茶汤保温，正适应了当时斗茶的要求。建盏作为当时饮茶、斗茶的主要器皿，不仅广受文人士大夫的喜好，还深受闽浙禅林寺僧的青睐。名刹、高僧吸引了许多日本僧人前来参禅求法，他们不仅带回佛学佛典，还学会了品茶习俗，归国时多会携带数量庞大的黑釉茶碗，其中就有不少建盏。建盏进入日本社会后亦获得上层社会、僧侣乃至部分武士阶层的青睐，被茶道界视为珍宝，日本人称之为“天目盏”。

油滴天目建盏，日本大阪市立东洋陶瓷美术馆藏

金彩文字天目建盏，日本五岛美术馆藏

黑釉兔毫斑钵（建窑禾目钵或天目碗），日本五岛美术馆藏

建窑禾目钵（天目碗），日本京都国立博物馆藏

由于烧制过程中的偶然性，建盏当中出现了一款极为特殊的成品，就是“曜变天目”。这一款茶碗以其梦幻般的色泽加之可遇不可求的特性，成为黑釉茶碗中的极品。中国境内据说仅有私人藏家收藏有一两件，海外仅有日本保存几件，这些“曜变天目”盏皆被认定为国宝或国家级重要文物。

金彩文字天目建盏，日本五岛美术馆藏

建盏黑釉瓷“曜变天目”里侧纹样，日本大德寺龙光院藏

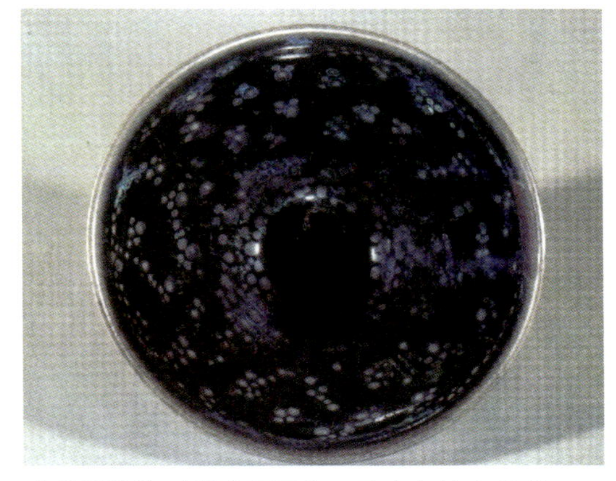

建盏黑釉瓷“曜变天目”，日本大德寺龙光院藏

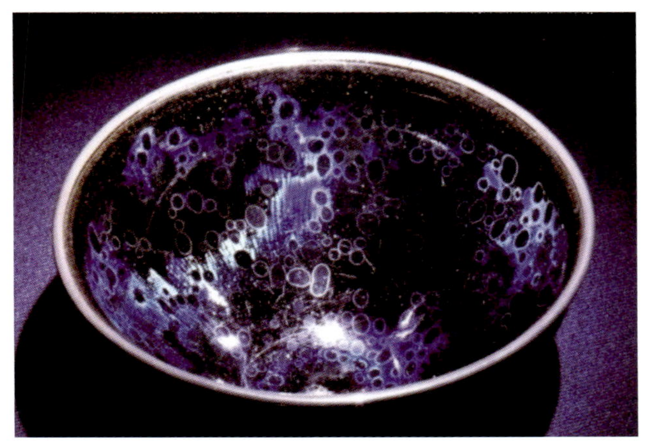

建盏黑釉瓷“曜变天目”，日本静嘉堂文库藏

4. 倭刀与雕漆围屏

明代，中国边疆战事不断，对武器的进口需求很大。明初通过勘合贸易，日本的进贡船及闽浙商船都带回数量庞大的日本刀剑。由于日本刀的制作历史悠久，工艺精良，且造型优美，在中国颇有市场。

据日本史料记载，一把好刀在日本国内市场价格是800—1000文，而在明中叶以前的中国市场可卖到5—6贯（1贯约1000文）。其实，早在宋代就有不少日本刀剑出口到中国，其中的一些成为文人士大夫的收藏品，许多名士还作诗吟咏过日本刀的锋利及其冰冷瘆人的美。如宋代的欧阳修、梅尧臣著有《日本刀歌》，明代的唐顺之也曾作《日本刀歌》。

日本出口中国的刀剑

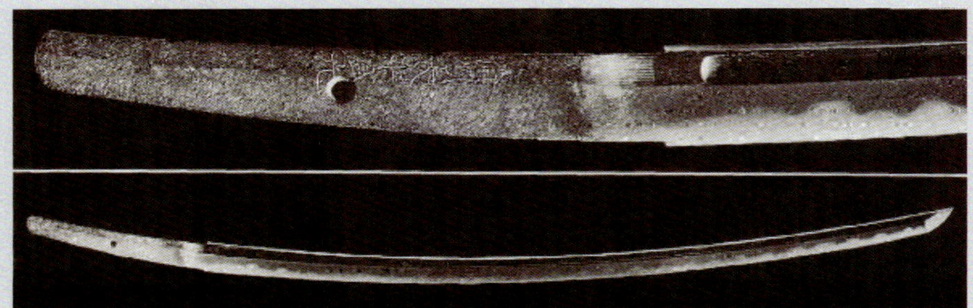
室町幕府前期的日本名刀

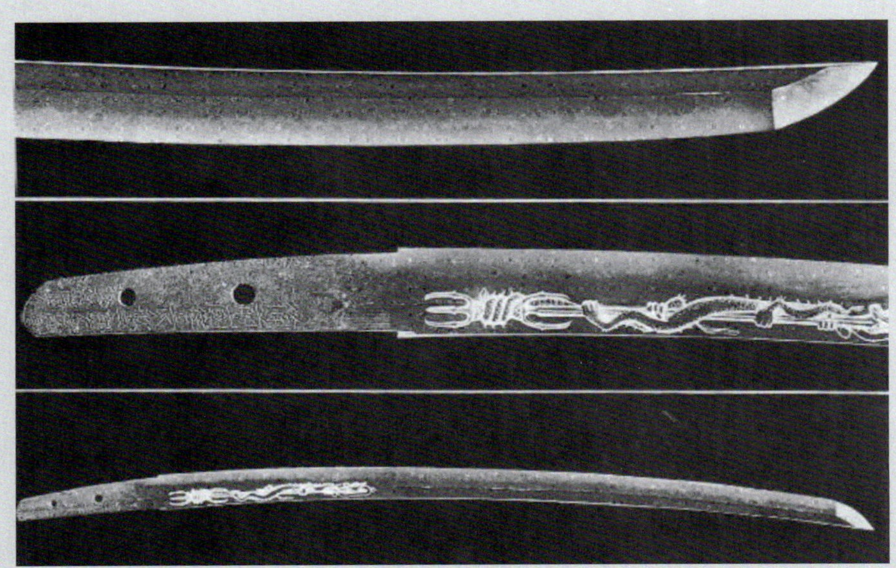
室町幕府中期的日本名刀

日本梨花菊桐纹莳绘系卷太刀，上品腰刀，故宫博物院藏

明清时期琉球进贡中国，贡使贡船年年往来福州与那霸之间，琉球贡使捎入京城的贡品之中就有不少的精品刀剑，史料显示这些刀剑皆为琉球王府购自日本萨摩藩。日本资料显示仅明宣德七年（1432）至嘉靖十八年（1539）的百年间，就有88 000把的日本刀（长短刀）输入中国。清代雍正帝曾下谕清宫造办处，制造战刀时，刀刃部分“可照日本刀样做”，可见日本刀剑对清宫的武器装备产生过一定的影响。

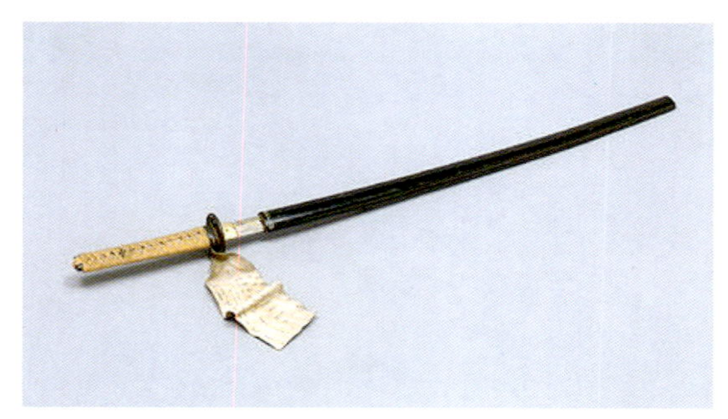

琉球贡刀，刀身和刀刃日本制，刀把和刀鞘为琉球加工，故宫博物院藏

在福建与日本的海上贸易中，日本漆器产品也大量输入中国市场，如雕漆围屏、泥金画、各式漆器等。尤其是清乾隆时期，乾隆皇帝极其喜爱日本、琉球等国的漆器，常诏令福州将军即时购置，这样一来，海商们从日本等国大量收买漆器产品，贩销中国内地。

明代御林军日本刀队图，故宫博物院藏

室町幕府时期的日本屏风画——乘坐郑成功商船赴日的葡萄牙商人

明代闽浙海商购买的日本屏风（一）

四季花鸟图屏风，日本重要文物，相同的屏风曾进贡明朝皇帝

明代闽浙海商购买的日本屏风（二）

明代闽浙海商购买的日本漆器、泥金画（一）

明代闽浙海商购买的日本漆器、泥金画（二）

二、书籍与雕版印刷

元末，为躲避战乱，一批中国雕版印刷业刻工匠人东渡日本谋生，适逢日本关西近畿地区的众多佛教寺院大力翻刻各类佛经与高僧语录，于是，这些中国刻工匠人汇集此地施展技艺，他们承接寺院的刻版印刷工程，有的还自筹资金印制中国诗文集等。据统计，当时这批由中国到日本从事佛经印刷的工匠达50多人，其中又以福建、浙江的匠人为多，其中最著名的刻工是福建兴化路莆田县俞良甫和福州南台桥陈孟千、陈伯寿等人。

1. 旅日福建刻工俞良甫

俞良甫，元末兴化仁德里台谏坊（今福建省莆田市荔城区西天尾镇俞里村）人，元至正二十七年（1367）漂洋过海到达日本。俞良甫寓居东京嵯峨期间，雕刻了《月江和尚语录》《宗镜录》《碧山堂集》《新刊五百家注音辩唐柳先生文集》等八部文献。此外，他还自筹资金刊刻了《春秋经传集解》《文选》《昌黎文集》《唐柳先生集》《陆放翁诗集》等典籍多种。他在日本雕刻的所有版式都刻上“中华大唐俞良甫”或“福建兴化路莆田仁德里住人俞良甫”等字样。

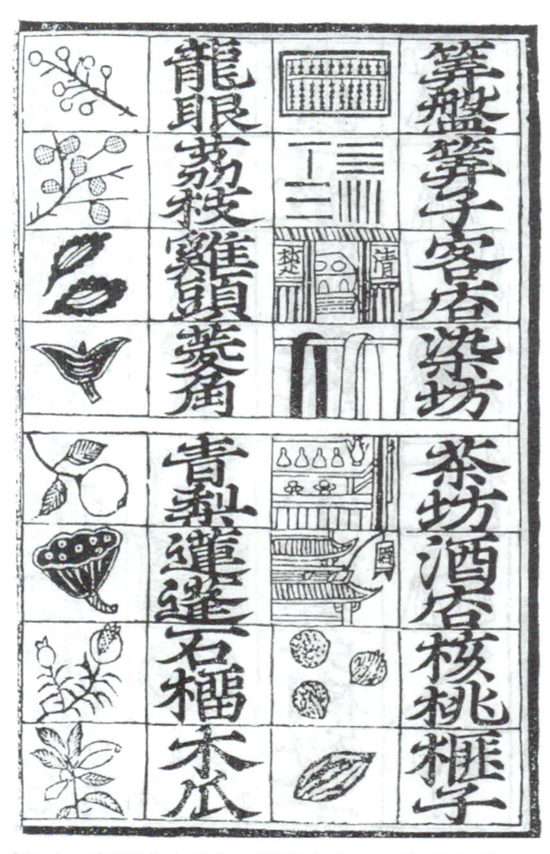

《魁本对相四言杂字》，福州南台刻工陈伯寿雕刊刻，现存日本

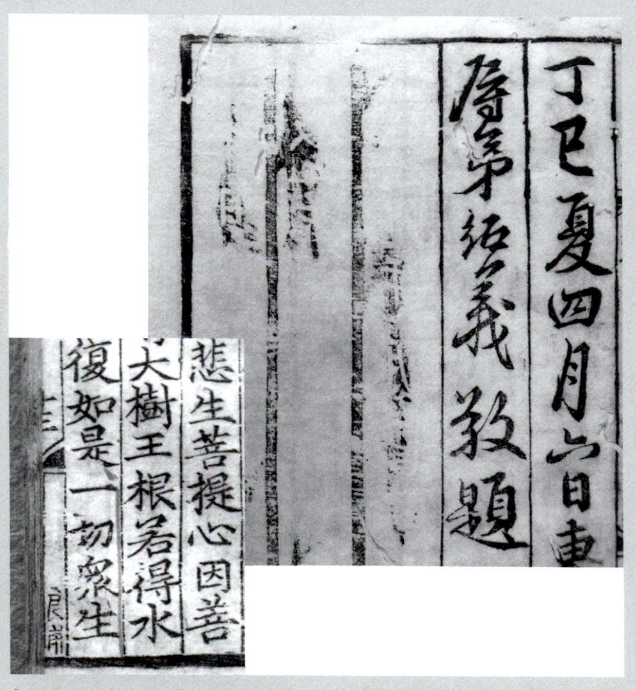
丁巳夏四月
悲生菩提心因善
大樹王根若得水
復如是一切衆生

《月江和尚语录》，1370 年刊，俞良甫刻，日本国立历史民俗博物馆藏

“俞氏世家”碑刻

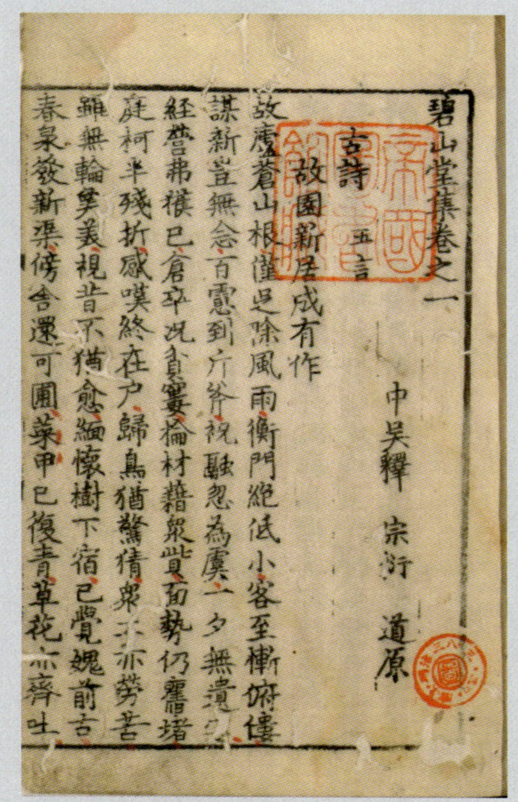
碧山堂集卷之一
中吳釋 宗泐 道原
古詩 五言
故園新居成有作

《碧山堂集》(南北朝版)，俞良甫刊刻，日本国立国会图书馆藏

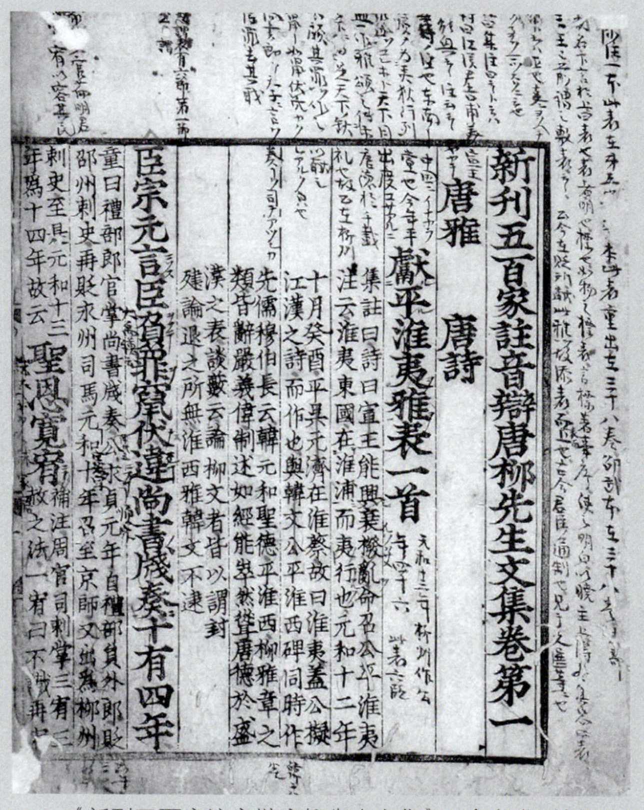
新刊五百家註音辯唐柳先生文集卷第一
唐雅 唐詩
獻平淮夷雅表一首

《新刊五百家注音辩唐柳先生文集》，俞良甫刊刻

日本学界非常看重俞良甫的木刻雕版技艺，称之为“元人俞良甫版”。这些东渡日本的中国刻工不但雕刻佛经，同时翻刻唐宋名家作品，对日本文化的贡献极大。日本学者木宫泰彦指出，中国刻工“为日本文化的发展做出贡献，他（们）的功绩是永远值得纪念的”。

2. 闽版《大藏经》东传日本

宋代福建印刷的佛经被大量引进日本，其中以福州版《大藏经》最为突出。佛教传入中国之后，僧众对佛经的翻译、传抄、编辑木刻、印刷、传播与供奉成为佛教事业发展的一项重要内容。

北宋开宝年间（968—976），第一部木版雕印的佛典总集《大藏经》问世，后世称作“开宝藏”。《大藏经》不光在佛教史还在印刷史上占有极为重要的地位。当时的福建、四川、浙江是中国三大刻书中心，也是佛经雕版印刷的主要地区。宋元丰三年（1080）至政和二年（1112），福州的东禅寺等觉禅院应鼓山涌泉寺僧众的要求，刻板印刷了我国第一部民间私刻《大藏经》，亦称“崇宁藏”。

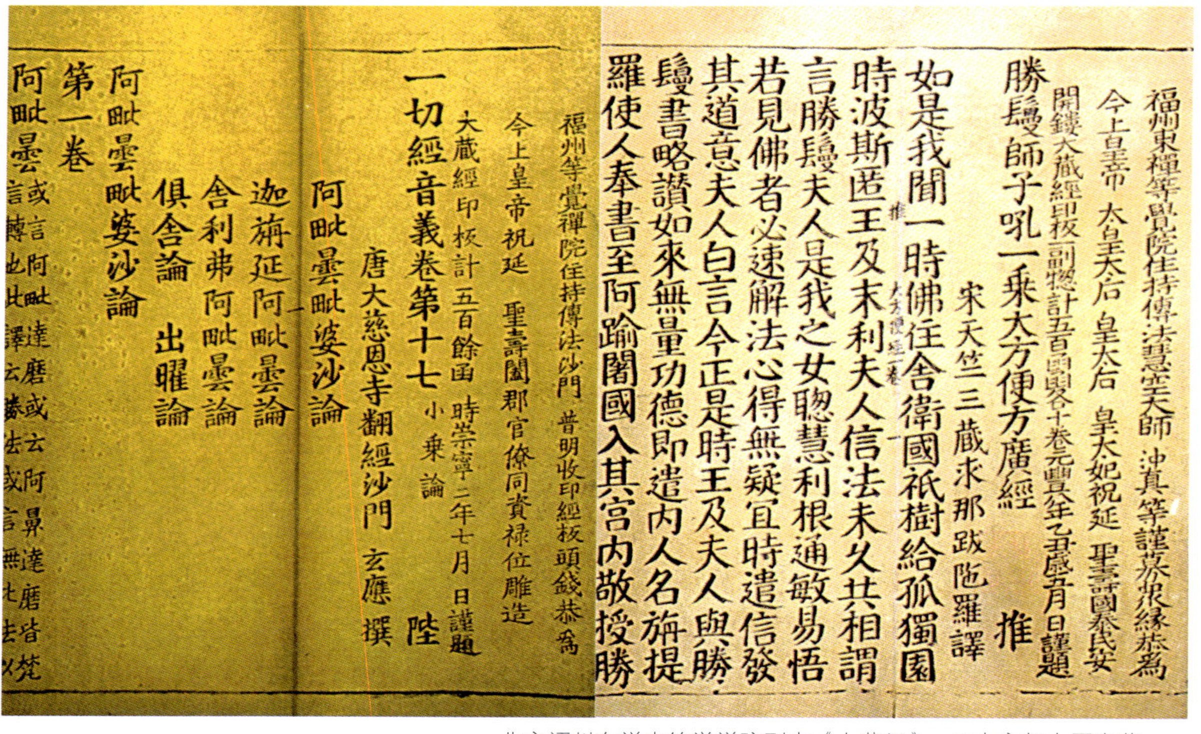
福州東禪等覺院住持傳法慧空大師 沖真等謹募衆緣恭為
今上皇帝 太皇太后 皇太后 皇太妃祝延 聖壽國泰民安
開鏤大藏經印板一副總計五百餘函各十卷元豐[illegible]年[illegible]歲[illegible]月日謹題
勝鬘師子吼一乘大方便方廣經 推
宋天竺三藏求那跋陀羅譯
如是我聞一時佛住舍衛國祇樹給孤獨園
時波斯匿王及末利夫人信法未久共相謂
言勝鬘夫人是我之女聰慧利根通敏易悟
若見佛者必速解法心得無疑宜時遣信發
其道意夫人白言今正是時王及夫人與勝
鬘書略讚如來無量功德即遣内人名旃提
羅使人奉書至阿踰闍國入其宮内敬授勝

福州等覺禪院住持傳法沙門 普明收印經板頭錢恭為
今上皇帝祝延 聖壽闔郡官僚同資祿位雕造
大藏經印板計五百餘函 時崇寧二年七月 日謹題
一切經音義卷第十七 小乘論 陸
唐大慈恩寺翻經沙門 玄應 撰
阿毗曇毗婆沙論
迦旃延阿毗曇論
舍利弗阿毗曇論
俱舍論 出曜論
阿毗曇毗婆沙論
第一卷
阿毗曇 或言阿毗達磨或云阿鼻達磨皆梵言轉也此譯云勝法或言無比法以

北宋福州东禅寺等觉禅院刊本《大藏经》，日本京都本愿寺藏

日本京都本愿寺，收藏有北宋福州东禅寺等觉禅院刊本《大藏经》

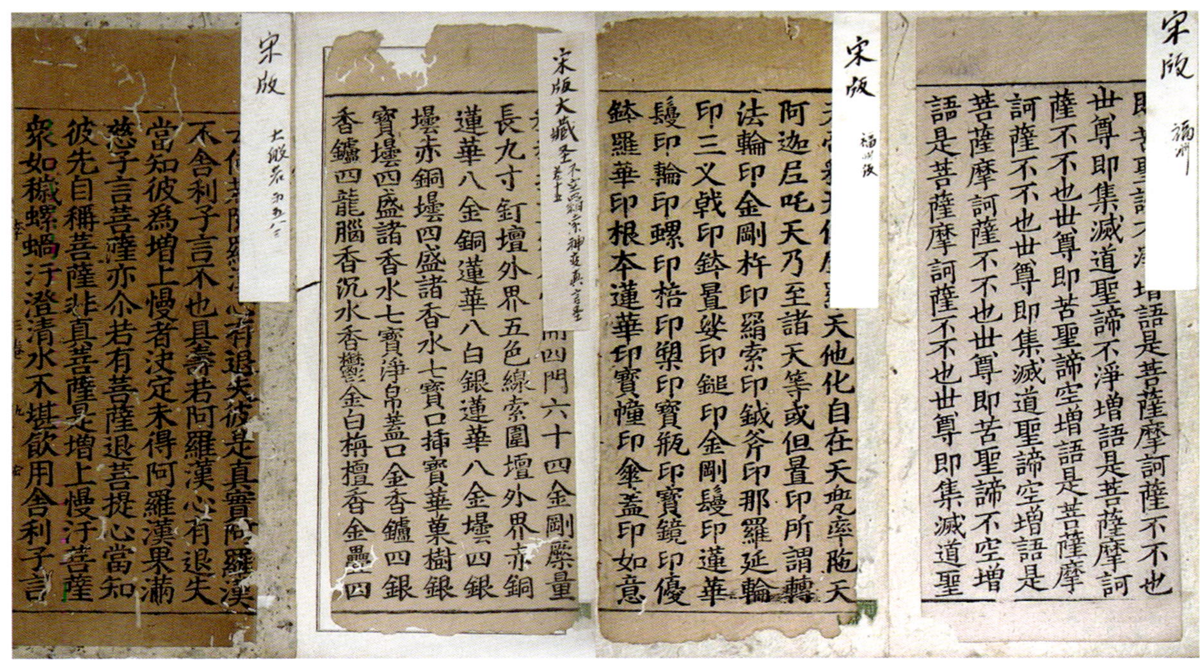

宋版

語是菩薩摩訶薩不不也
世尊即集滅道聖諦不淨增語是菩薩摩訶
薩不不也世尊即苦聖諦空增語是菩薩摩
訶薩不不也世尊即集滅道聖諦空增語是
菩薩摩訶薩不不也世尊即苦聖諦不空增
語是菩薩摩訶薩不不也世尊即集滅道聖

宋版

天他化自在天兜率陁天
阿迦尼吒天乃至諸天等或但畳印所謂轉
法輪印金剛杵印羂索印鉞斧印那羅延輪
印三叉戟印鈴畳娑印鎚印金剛鬘印蓮華
鬘印輪印螺印梧印槊印寶瓶印寶鏡印優
鉢羅華印根本蓮華印寶幢印傘蓋印如意

宋版大藏

四門六十四金剛槃量
長九寸釘壇外界五色線索圍壇外界赤銅
蓮華八金銅蓮華八白銀蓮華八金壜四銀
壜赤銅壜四盛諸香水七寶口插寶華菓樹銀
寶壜四盛諸香水七寶淨帛蓋口金香鑪四銀
香鑪四龍腦香沉水香欝金白栴檀香金疊四

宋版

有退失彼是真實阿羅漢
不舍利子言不也具壽若阿羅漢心有退失
當知彼為增上慢者決定未得阿羅漢果滿
慈子言菩薩亦尒若有菩薩退菩提心當知
彼先自稱菩薩非真菩薩是增上慢汙菩薩
衆如穢螺蝸汙澄清水不堪飲用舍利子言

宋版福州《大藏经》书影，日本京都本愿寺藏

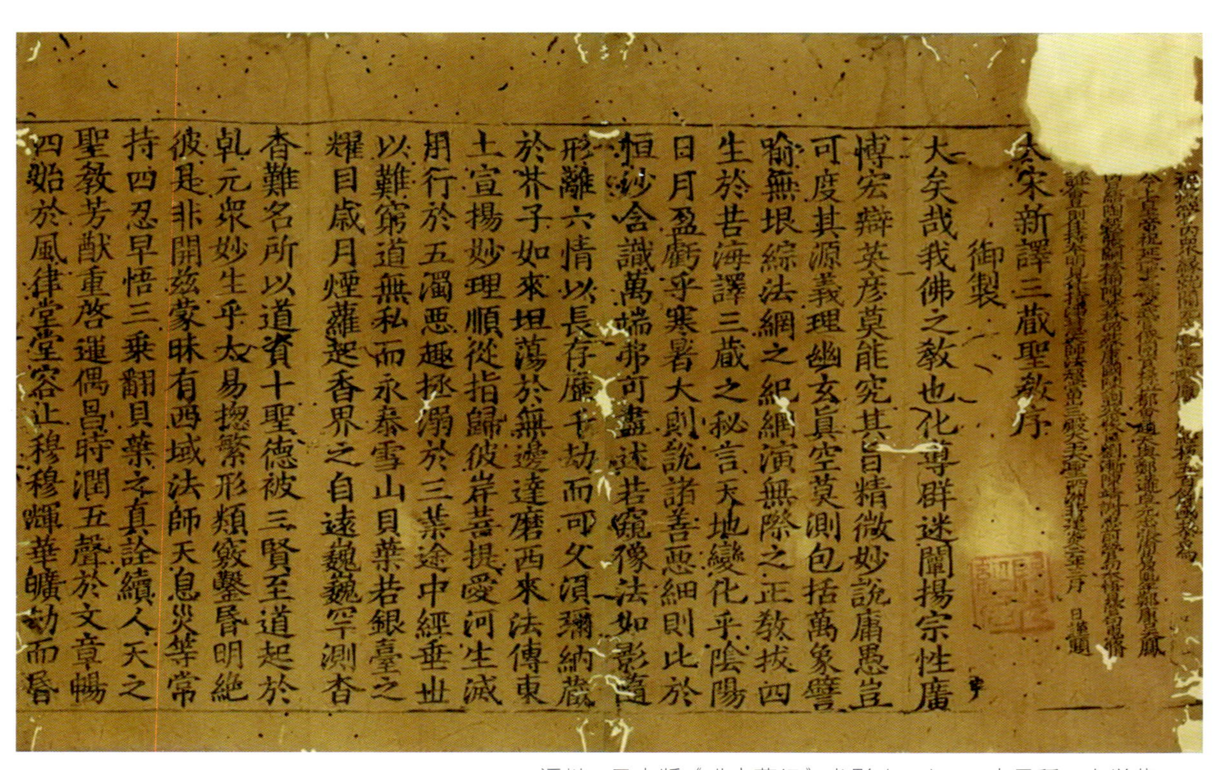
大宋新譯三藏聖教序
御製
大矣哉我佛之教也化導群迷闡揚宗性廣
博宏辯英彦莫能究其旨精微妙說庸愚豈
可度其源義理幽玄眞空莫測包括萬象譬
喻無垠綜法網之紀綱演無際之正教拔四
生於苦海譯三藏之秘言天地變化乎陰陽
日月盈虧乎寒暑大則說諸善惡細則比於
恒沙含識萬端靡可盡述若窺像法如影隨
形離六情以長存歷千劫而可久須彌納藏
於芥子如來坦蕩於無邊達磨西來法傳東
土宣揚妙理順從指歸彼岸菩提愛河生滅
周行於五濁惡趣拯溺於三業途中經垂世
以難窮道無私而永泰雪山貝葉若銀臺之
耀目歲月煙蘿起香界之自遠巍巍罕測杳
杳難名所以道資十聖德被三賢至道起於
乾元衆妙生乎太易撮繁形類竅鑿昏明絕
彼是非開茲蒙昧有西域法師天息災等常
持四忍早悟三乘翻貝葉之眞詮續人天之
聖教芳猷重啓運偶昌時潤五聲於文章暢
四始於風律堂堂容止穆穆輝華曠劫而昏

福州开元寺版《毗卢藏经》书影（一），日本早稻田大学藏

宋政和二年（1112）至绍兴二十一年（1151），福州开元寺亦雕版印刷了“福州开元寺毗卢大藏”，亦称“毗卢藏”。

上述两部大藏经典被日本入宋僧及中国商人输入日本，成为日本皇室和贵族所属著名寺院的典藏，对佛教经典在日本的传播与印刷起了重大影响。

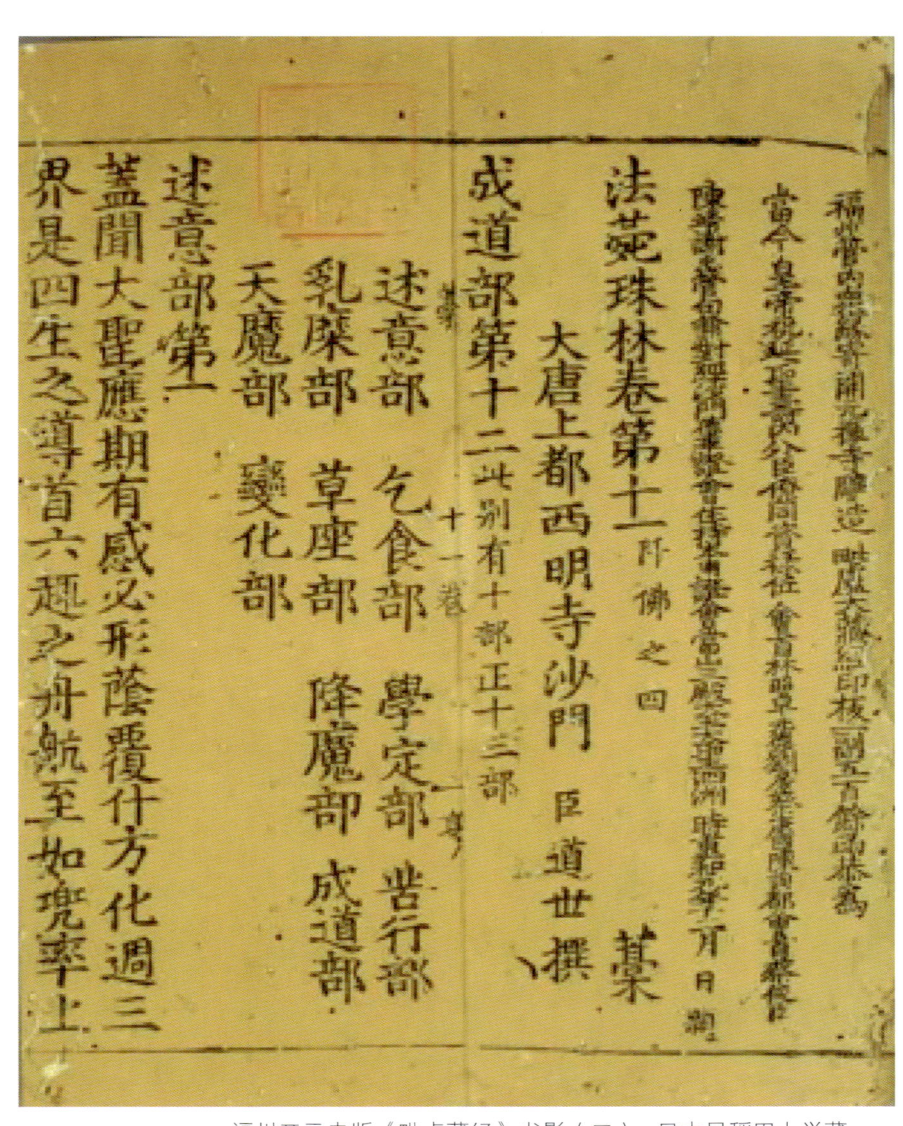

法苑珠林卷第十一 阡佛之四　基
大唐上都西明寺沙門　臣道世撰
成道部第十二此別有十部正十三部
述意部　乞食部　學定部　苦行部
乳糜部　草座部　降魔部　成道部
天魔部　變化部
述意部第一
蓋聞大聖應期有感必形蔭覆什方化週三
界是四生之導首六趣之舟航至如兜率上

福州开元寺版《毗卢藏经》书影（二），日本早稻田大学藏据悉，上述两种福州版《大藏经》在国内已无全藏，零散保存于国家图书馆、首都图书馆、北京大学图书馆、山西图书馆和泉州开元寺的经卷合计不超过500卷，而海外仅有日本保留下混合本约五六藏（崇宁藏、毗卢藏互补组成），其中尤以日本宫内厅书陵部所藏最为完整，其他收藏处还有醍醐寺、东寺、金刚寺、本愿寺、中尊寺和金泽文库等机构。

日本宫内厅书陵部

三、朱子学传朝鲜半岛、日本

南宋朱熹以福建为其治学故乡，在融汇孔子以来的中国古代思想文化成果的基础上，消化吸收福建地方文化精华，创立了朱子理学，也称闽学。宋元明清时期，朱子理学不仅一直是中国社会的主流意识和主要学术传统，还被许多海内外文人士大夫介绍到朝鲜半岛和日本列岛，受到其统治阶层的重视与推崇。

早在春秋战国时期，孔子思想就传入朝鲜半岛，并为朝鲜半岛统治者和知识分子所吸收和推崇。朱子学最早是在元至元二十三年（1288）由高丽人安珦传入朝鲜半岛的。

安珦（1243—1306），号晦轩，谥文成，高丽兴州（今韩国荣州市顺兴）人。1286年出任元朝征东行省的左右司郎中和高丽儒学提举，同年随高丽忠烈王赴元大都（今北京）。在大都期间，他专心研读朱子著作，还亲自绘制孔子及朱子画像，并于1288年携带《朱子全书》回高丽，这标志着朱熹理学开始传入朝鲜半岛。

安珦画像

相传安珦非常崇拜朱熹，不仅在自己屋壁上挂着朱熹的画像，甚至用朱熹字号中的“晦”字作为自己的号。他为了振兴高丽儒学，提出六品以上官员捐银一斤，七品以下官员捐纳布匹入养贤库，以此作为奖学基金，鼓励学员研究和宣传朱子学。与此同时，他还派遣博士金文鼎等人来元朝，“画先圣及七十二子像，求祭器、乐器、六经、诸子史”。这些努力都为朝鲜半岛儒学的长足发展，以及后来培养出一批颇负盛名的儒学思想家如李滉（号退溪，千元版韩币头像人物）等，打下了良好基础。

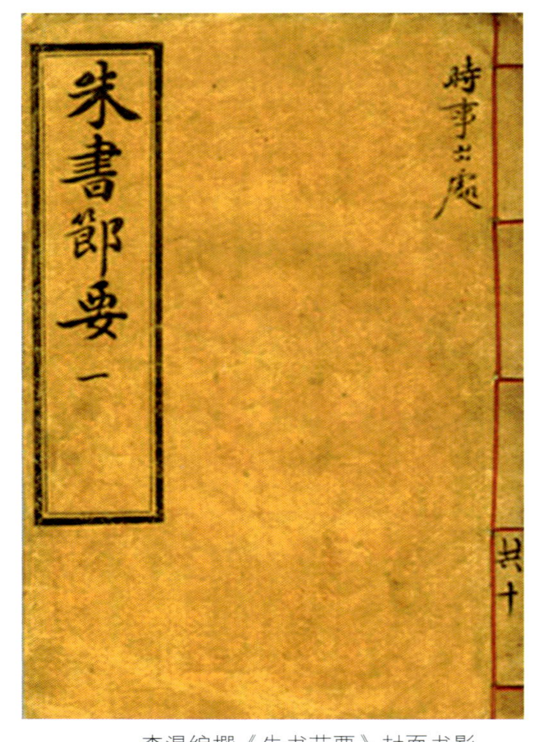

李滉编撰《朱书节要》封面书影

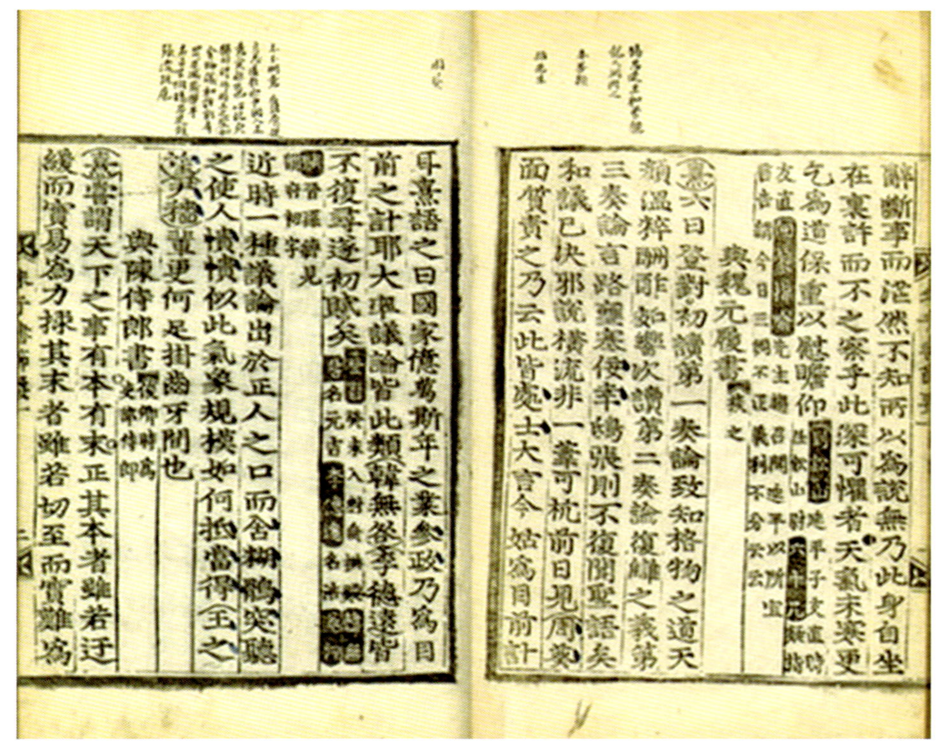
辭斷事而泛然不知所以爲說無乃此身自坐
在裏許而不之察乎此深可懼者天氣未寒更
乞爲道保重以慰瞻仰

與魏元履書

熹六日登對初讀第一奏論致知格物之道天
顏溫粹酬酢如響次讀第二奏論復讎之義第
三奏論言路壅塞佞幸鴟張則不復聞聖語矣
和議已決邪說橫流非一葦可杭前日見周葵
面質責之乃云此皆處士大言今姑爲目前計

耳熹語之曰國家億萬斯年之業參政乃爲目
前之計耶大率議論皆此類韓無咎李德遠皆
不復尋逐初賦矣

近時一種議論出於正人之口而含糊鶻突聽
之使人憤憤似此氣象規模如何抵當得住之
輩更何足掛齒牙間也

與陳侍郎書

熹嘗謂天下之事有本有末正其本者雖若迂
緩而實易爲力捄其末者雖若切至而實難爲

《朱书节要》书影

13世纪中叶，朱子学由禅僧带入日本，并逐渐得到广泛传播，至德川幕府时代（1603—1867）成为日本社会和政治生活中最具权威的价值观念。

明清之际是朱子学的兴盛期。这一时期，赴日之中国人不断，特别是明末清初，许多文人不满清朝统治而流亡日本，如冯京弟、朱舜水等。他们在输出中国文化的过程中，尤以朱子学对日本思想界影响最为强烈，特别是朱舜水的复兴明室之志，影响了水户藩和加贺藩的勤三思想，从而兴起水户学风。

朱舜水画像

矢舜水（1600—1682），浙江余姚人。作为明末遗臣屡渡日本求援兵，1659年永住日本讲学。其学生有安东省庵、安积淡泊等日本著名学者，连水户藩主德川光圀也迎之为宾师。其学导源于朱子理学，提倡大义名分、尊王贱霸、忠孝无二思想。基于此思想，他开修《大日本史》，兴起水户学风，形成水户学派系统。此外，朱舜水思想还直接或间接地影响了木下顺庵、山鹿素行等大儒学家，从而为德川时期日本朱子学的兴盛做出了不可磨灭的贡献。

朱舜水逝世之地纪念碑，位于日本东京大学

朱子学传入日本符合了当时统治阶级和百姓的需要，因此，德川幕府通过多种途径来提倡朱子学，主要有：建孔庙以祀孔，输入并刊刻儒家经典；请流寓日本的中国朱子学家讲学；奖励朱子学研究；等等。在这种保护、奖励政策下，日本朱子学在德川时期日益走向兴盛，并影响日本社会至今。

德川光圀画像，日本茨城县立历史馆藏

四、朝鲜半岛诗人咏天妃

古代朝鲜半岛上诸国与中国关系十分密切。有明一代，高丽王朝、朝鲜王朝使臣出使中国共计 1252 行次，平均每年约有 138 人次的使臣及使团出使中国。当时朝鲜王朝使臣来华或归国都需经海路，在此过程中，他们通常会在候风所经过的沙门岛（即庙岛群岛）、三叉河等处的天妃宫停留，对于这位源自福建的海上和平女神充满敬畏，并留下了不少咏赞妈祖的诗作。

郑梦周（1337—1392），字达可，号圃隐，高丽王朝进士，官至门下侍中（首相）。他从明洪武五年（1372）至洪武二十年（1387）先后四次出使中国，有诗文集《圃隐集》，其卷一有《沙门岛》一诗，据载为“洪武十七年（1384）三月十九日过海宿登州”时所作，诗曰：

衵女祠何处，沙门海上岑。
戎车连鹤野，贡道接鸡林。
利涉由灵贶，徽封自圣心。
泎舟来酌酒，稽手冀来歆。

诗中表达了对妈祖的虔敬之情以及希望得到妈祖的“灵贶”庇佑。

郑梦周画像

沙门岛（庙岛）天妃宫

权近（1352—1409），字邦瑞，号阳村，朝鲜安东人，高丽王朝进士，官至礼仪判书。李朝建立后，官至知经筵事，是李朝的佐命功臣，有《阳村先生文集》。明洪武二十二年（1389），权近奉命出使中国，明太祖赐赠《鸭绿江》《高丽故京》《使经辽左》等诗。当年九月初四，权近一行前往沙门岛天妃宫祭妈祖祈风，作诗《夜宿舟中》咏赞妈祖。

李詹（1345—1405），字小叔，号双梅堂，朝鲜洪州人，高丽王朝进士，官至春秋馆大提学等。李詹曾两度出使中国，明建文二年（1400）来中国朝贡，祝贺建文帝登基。当年十二月二十七日，李詹一行船行至登州海口（庙岛塘）时，由于海水结冰，无法行船，乃祈祷天妃退冰，并作《祈天妃退冰》。建文三年（1401）三月三日，在返国途中，船至沙门岛（庙岛）待风停泊，李詹又前往天妃宫祈祷，作七律《沙门岛待风》。

吴天坡（1592—1634），号肃羽，朝鲜海州人，李朝进士，官至庆尚监司、黄海监司，著有《天坡集》。他于明天启四年（1624）七月出使中国，次年归国，途中在沙门岛待风。自记：“有天妃娘娘庙，过海船必祈风于此。”其《沙门岛待风》诗中的“船头香火礼天妃”句，说明当时朝鲜使船上也供奉天妃神像。

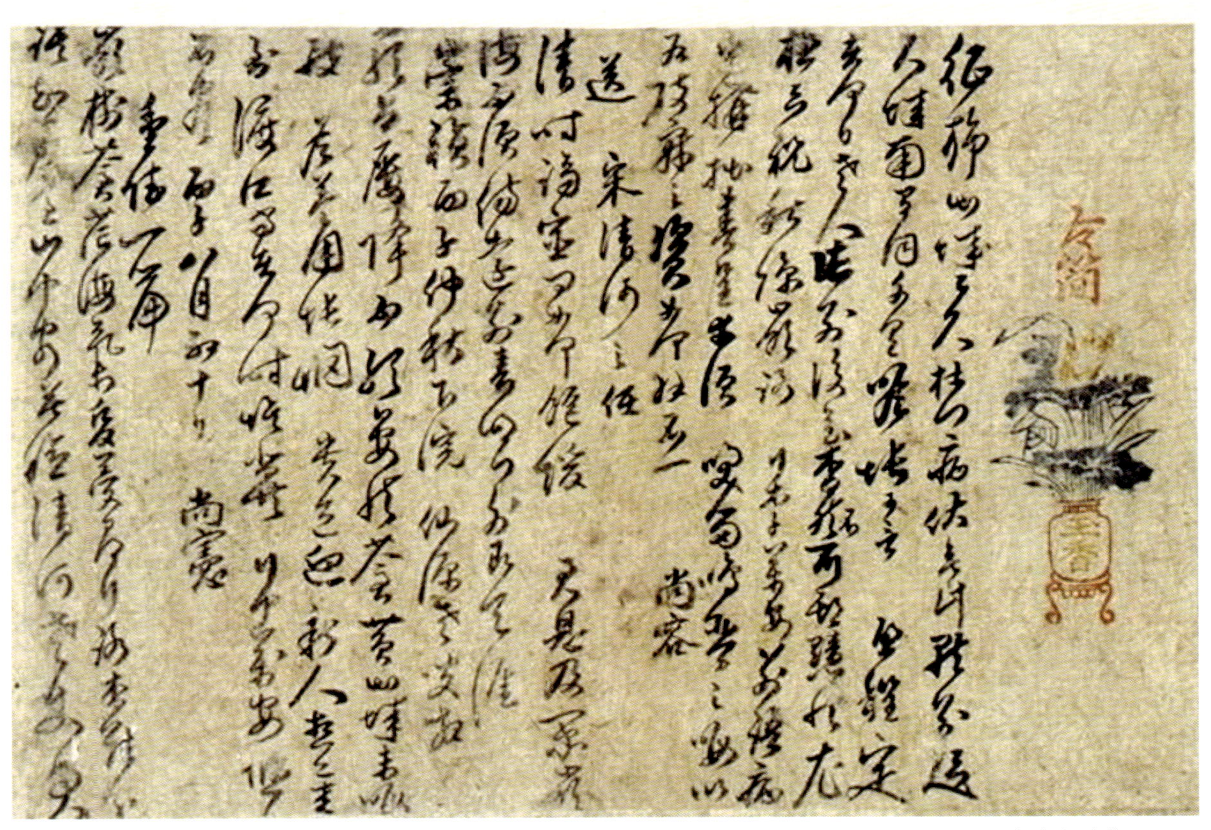

金尚宪书法作品

金尚宪（1570—1652），字叔度，号清阴，朝鲜安东人，李朝进士，官至大司宪、大司谏，有《清阴先生文集》《朝天录》等。明天启六年（1626）作为朝鲜谢恩使出使中国，在沙门岛待风时，作诗多首，其中《咏天妃观道士》赞颂了妈祖。

有明一代往来于中朝之间的贡使文人还有很多，他们对中华文化比较熟悉和倾慕，对于天妃（妈祖）信仰这一传统宗教文化也十分敬畏，入乡随俗，并纷纷留下咏赞妈祖的诗作，体现了朝鲜知识分子与中华文化的密切关系。

五、妈祖信仰传东瀛

在变幻莫测的海上气候和汹涌水流影响下，古代船难事故频发，先人们在非人力可战胜的灾害面前，往往只能向神灵祈求庇护，由此产生了海神信仰，妈祖信仰就是其中之一。现在妈祖信众遍及世界各地，人们虽身处异国他乡，但通过妈祖崇拜方式，仍保持着民族认同与心灵归依。

明清时期的妈祖像

妈祖信仰是随着福建商人到长崎的贸易传播到日本的。

在长崎的南京寺、漳州寺、福州寺等院内都建有妈祖堂，供奉从中国分香分灵而来的妈祖神像及其附属神祇。几个唐寺当中，福济寺（漳州寺）的神像曾受战争毁坏，战后，有人又向这里捐赠了清代的妈祖像。圣福寺内曾有过数尊妈祖像，现在这些像已被移出，陈列于长崎历史文化博物馆内。

日本长崎福建会馆天后堂

日本长崎福建会馆天后堂内景

日本长崎福建会馆天后堂供奉的妈祖神像

日本长崎崇福寺妈祖堂内妈祖神像

日本长崎崇福寺妈祖堂内的千里眼

日本长崎崇福寺妈祖堂全景

日本长崎兴福寺妈祖堂侧景

日本长崎兴福寺妈祖堂内的妈祖神像与千里眼、顺风耳

日本长崎兴福寺妈祖堂匾额

抵港华商登岸手捧船上妈祖神像前往唐人屋敷天后宫寄放场景

另外，每艘进入长崎港的华商船上都供奉的“船仔妈”（船上的护佑菩萨妈祖），也会被搬至唐寺的妈祖堂内暂时安奉起来，数月后，贸易事毕，待商船回航出港时，再次请出妈祖神像登舟。由商船到唐寺移送妈祖神像的一整套仪式日语叫作“菩萨扬”，作为长崎的独特风俗被载入当地文献之中。

每年隆重举行的长崎灯会都会有一场妈祖祭祀出游的行列仪式表演，规模盛大，再现了明清时期中国商船靠港长崎的情景，吸引了无数游人前来观赏。

妈祖神像及乘舆巡抵日本长崎灯会主会场

日本长崎灯节妈祖行列之一

湄洲妈祖庙赠给日本长崎灯会的妈祖神像

唐人屋敷天后宫前舞龙表演图，日本长崎市立博物馆藏

太平歌舞
德與天齊

唐人屋敷天后宫前演戏奉祀妈祖神图，日本长崎市立博物馆藏

日本平户郑成功纪念馆藏妈祖神像（中）

日本南萨摩市万之濑川旧河口保存的明末妈祖像（中）

除了长崎及琉球群岛以外，在日本其他一些地方也有妈祖信仰，主要是前江户时代的平户、五岛列岛、青森、千叶、神奈川、大阪、兵库等地。

妈祖信仰传入日本后发生了变化，被赋予了更多的本土气息，妈祖与当地的神道传统或自然神崇拜习俗相互融合，逐步成为当地水上守护神灵。

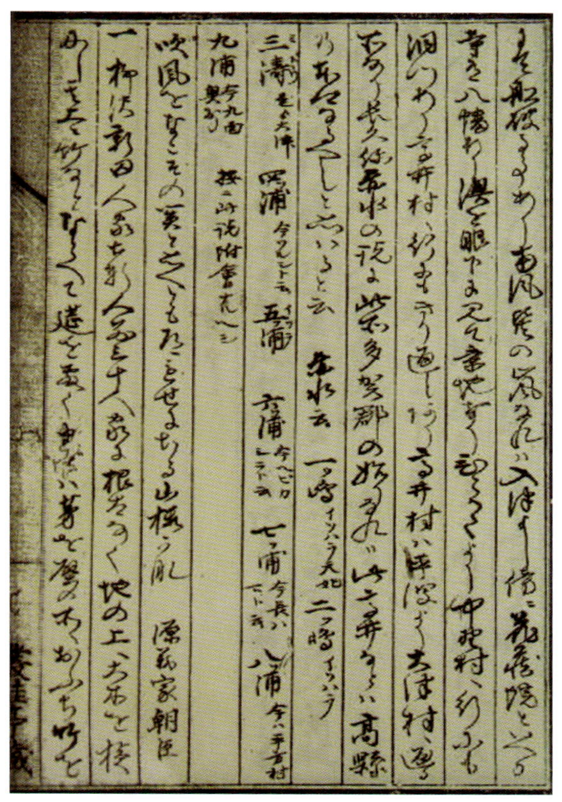

德川光圀赐名“天妃山”文献书影

日本茨城县东茨城郡大洗町天妃神社所藏妈祖神像照片

日本茨城县北茨城市天妃山的弟橘媛神社拜殿

日本茨城县北茨城市天妃山的弟橘媛神社鸟居

日本鹿儿岛县北之田之浦的永福寺，原是江户时代华人所建的天妃宫

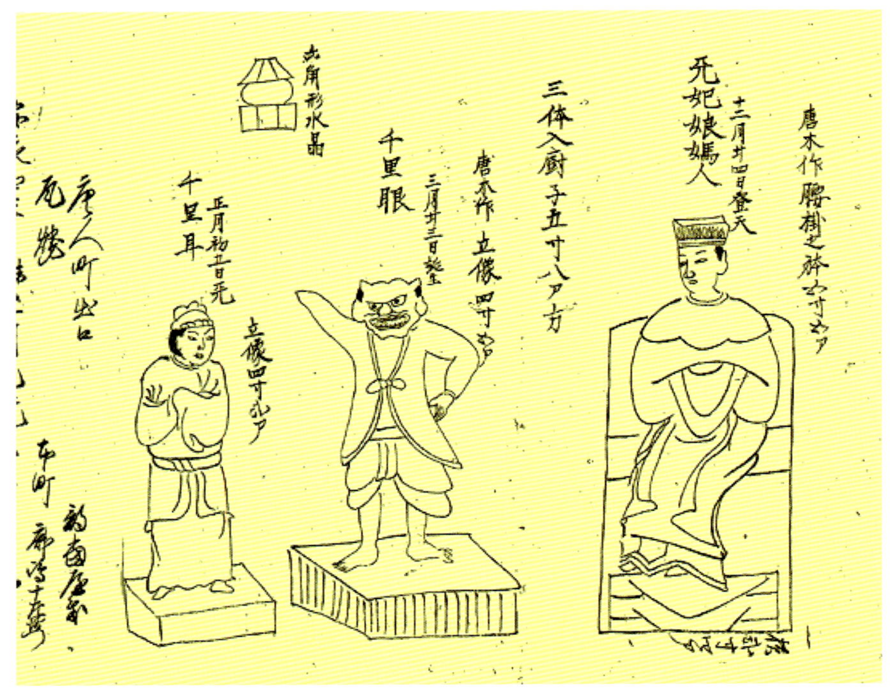

日本宫崎县都城市中町文献《庄内地理志》记载的唐人町妈祖像

六、关圣帝君在日本

关圣帝君是“关公神”（关羽）封号的简称，从古至今，从中国内陆到海外，只要有中国人居住的地方都会有关公信仰的存在。关公神不仅代表着忠义信勇，还代表着信用与契约精神，是中国商人普遍信奉的财神。日本长崎、神户、横滨等地的华人街一样分布有信奉关公神的庙堂。

关羽，字云长，东汉河东解州（今山西省运城市）人，三国时期蜀汉名将。南北朝至隋唐时期，中国民间仅将关羽视为英勇尚武的一般神灵，唐仪凤元年（676）赐“伽蓝神”封号，民间常将其供奉在佛寺十八罗汉神像旁边。宋代以后，随着《三国志平话》《三国演义》等戏剧文学、戏剧作品的流传和普及，关公逐渐成为脍炙人口、妇孺皆知的英雄偶像，其忠义信勇形象深入人心。之后，历朝历代对关公神的封号不断升格，从南宋的“忠惠公”“义勇武安王”到明清时期的“三界伏魔大帝神威远震天尊关圣帝君”和“忠义神武关圣大帝”，体现了关公神受到官方及民间的广泛崇祀和祭拜。

关圣帝君像，日本长崎圣福寺藏

在东南沿海的泉州，商人们认为商业行为讲究契约与信用，信义为立业之本，而一生忠义的关羽形象正好符合这一精神，于是闽南商人就将关公视为守护商业繁荣的神明，关公信仰也就随着闽南商人的足迹传播到日本、朝鲜半岛等地，并为当地人们所信仰。根据明代文献《日本图纂》记载，日本九州南部的五岛列岛上有“关王祠”，可见早在 16 世纪福建海商在取道五岛列岛赴日贸易的过程中，就将关帝信仰带到了九州西南部地区。

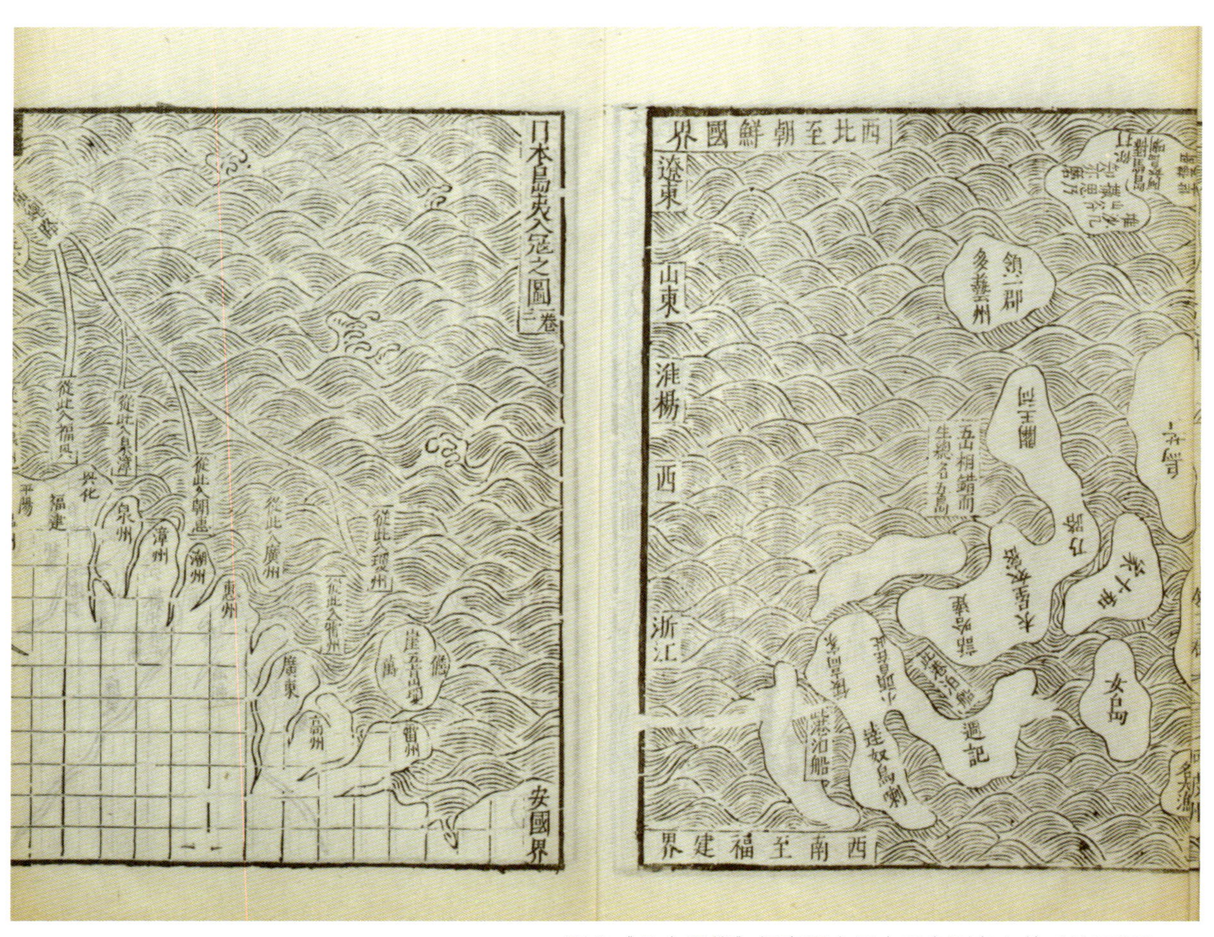

明代《日本图纂》标有明末日本五岛列岛上的“关王祠”

之后，中国的闽商、粤商和江浙商人分别在长崎的“唐三寺”内加设关帝庙或供奉关帝神像，并定期举行祭祀活动。成书于1847年的文斋信春《长崎土产》，在“关帝堂”一节中写道：“关帝即蜀汉关羽，字云长。特别是元明以来，代代尊奉。州县皆有其祠庙，受到普遍祭祀，称作关圣帝君。唐人三寺皆有奉祀。”

日本崇福寺护法堂中供奉的关圣帝君

日本长崎旧福济寺青莲堂，堂内供奉有关圣帝君

日本横滨关帝庙内的匾额“同善堂”

现在，日本的横滨、神户、函馆等港口城市亦建有关帝庙。1873 年，横滨华人成立中华会馆，内设关帝庙，作为当地华人华侨的共同信仰场所。1893 年，侨居神户港的华人集资兴建中华会馆，也于馆内增设关帝庙。北海道函馆市的关帝庙则建立于 1910 年，据说该处建筑造型设计来自宁波、上海，工匠和材料来自福建。

1910 年前后的日本横滨关帝庙外观

现在的日本神户关帝庙

现在的日本横滨关帝庙

日本函馆中华会馆关帝庙正堂

结 束 语

伴随着世界格局的变化，凭借着福建地区造船航海技术的优势，福建的海商和僧侣不畏艰险，跨越大海，创建出一条福建到东北亚各国的航路。千百年来，通过这条航路，通商贸易发展了各国的社会经济；通过这条航路，人文交流发展了各国的社会文化，凝聚了各国人民之间的深厚友情。今天，无论我们走到哪里，不管是静谧的长崎还是喧闹的平壤，不管是神秘的京都还是繁华的首尔，到处都弥漫着那个时代留下的气息。佛寺、习俗、风气、艺术、文字、语音……所有的一切，都烙上了福建与东北亚各国历史关系的印记。

福建与东北亚的航海贸易历史，是古代中国海上丝绸之路发展的重要组成部分，是古代中外贸易网络的有机延伸。福建与东北亚各国人民正是在这种交往的过程中，将这条海上之路延伸到世界各地，从东北亚走向世界，从过去走到现在。

参考文献

1.〔汉〕班固:《后汉书》，中华书局，1965 年。

2.〔宋〕赵汝适著，杨博文校释:《诸蕃志校释》，中华书局，1996 年。

3.〔明〕黄仲昭:《八闽通志》，福建人民出版社，1989 年。

4.〔唐〕姚思廉:《梁书》，中华书局，1983 年。

5.［朝］郑麟趾:《高丽史》，齐鲁书社，1996 年。

6.〔唐〕义净著，王邦维校注:《大唐西域求法高僧传校注》，中华书局，1988 年。

7.［日］真人元开著，汪向荣注:《唐大和上东征传》，中华书局，1979 年。

8.［日］木宫泰彦著，胡锡年译:《日中文化交流史》，商务印书馆，1980 年。

9.［日］佐藤长门校注:《入唐五家传》，日本高志书院，2015 年。

10.［日］塙保己一编:《续群书类丛》，日本经济杂志社刊印，1911 年。

11.［日］藤原实资:《小右记》，10 世纪，东京大学史料编纂所藏。

12.［日］佐伯有义编:《增补·六国史》，日本朝日新闻社，1940 年。

13.〔宋〕徐兢:《宣和奉使高丽图经》，商务印书馆，1937 年。

14.〔明〕何乔远:《闽书》，福建人民出版社，1994 年。

15.〔明〕黄淮、杨士奇:《历代名臣奏议》，台湾学生书局，1985年。
16.〔宋〕赵彦卫:《云麓漫抄》，中华书局，1996年。
17.〔元〕脱脱等:《宋史》，中华书局，1985年。
18.[日]石崎融思:《唐馆图兰馆图绘卷》，日本长崎文献社，2001年。
19.[日]大庭修编:《长崎唐馆图集成》，日本关西大学东西学术研究所，2003年。
20. 中华妈祖文化交流协会等编:《妈祖文献史料汇编》，中国档案出版社，2007年。
21. 吴晗:《朝鲜李朝实录中的中国史料》，中华书局，1980年。
22. 弘华文主编:《燕行录全编（第一辑）》，广西师范大学出版社，2010年。
23.〔明〕万历《泉州府志》，清同治八年（1869）印本。
24.〔明〕郑若曾等编著:《筹海图编》，明嘉靖四十一年（1562）刻本。
25.〔明〕郑舜功:《日本一鉴》，1939年刊本。
26.〔明〕姚士麟:《见只编》，台湾商务印书馆，1982年。
27.〔明〕茅元仪:《武备志》，清道光活字本。
28.[日]西川如见:《增补华夷通商考》，日本国会图书馆藏本，1695年。
29. 傅衣凌、杨国桢主编:《明清福建社会与乡村经济》，厦门大学出版社，1987年。
30. 唐文基主编:《福建古代经济史》，福建教育出版社，1994年。
31. 廖大珂:《福建海外交通史》，福建人民出版社，2002年。
32. 徐晓望主编:《福建通史》，福建人民出版社，2006年。

图书在版编目（CIP）数据

顺风相送：福建与东北亚/徐斌，张金红著．一福州：福建教育出版社，2018.12（2023.2 重印）
（图说福建与海上丝绸之路/谢必震主编）
ISBN 978-7-5334-7979-4

Ⅰ．①顺…　Ⅱ．①徐…　②张…　Ⅲ．①中外关系一文化交流一文化史一福建、东亚　Ⅳ．①K295.7②K310.03

中国版本图书馆 CIP 数据核字（2017）第 325629 号

图说福建与海上丝绸之路
主编　谢必震　　副主编　吴巍巍

Shun Feng Xiang Song
顺风相送
——福建与东北亚
徐斌　张金红　著

出版发行　福建教育出版社
（福州市梦山路 27 号　邮编：350025　网址：www.fep.com.cn
编辑部电话：0591-83716736
发行部电话：0591-83721876　87115073　010-62024258）
出 版 人　江金辉
印　　刷　福州印团网印刷有限公司
（福州市仓山区建新镇十字亭路 4 号）
开　　本　890 毫米×1240 毫米　1/16
印　　张　13.5
字　　数　246 千字
插　　页　2
版　　次　2018 年 12 月第 1 版　　2023 年 2 月第 2 次印刷
书　　号　ISBN 978-7-5334-7979-4
定　　价　85.00 元
